Tô indo para a França

Márcio Jardim

Tô indo para a França

MATRIX

Matrix Editora – Tel.: (11) 3868-2863
www.matrixeditora.com.br

Diretor editorial
Paulo Tadeu

Projeto gráfico, capa e diagramação
Daniela Vasques

Revisão
Silvia Parollo
Adriana Wrege

Ilustração da capa: Shutterstock/ Copyright: Lyeyee
Foto da pág. 88: Shutterstock/ Copyright: Kai Hecker
Ilustrações e demais fotos do miolo: Márcio Jardim

Dados Internacionais de Catalogação na Publicação (CIP)
SINDICATO NACIONAL DOS EDITORES DE LIVROS, RJ.

Jardim, Márcio Carvalho
Tô indo para a França / Márcio Carvalho Jardim. - 1. ed. - São Paulo : Matrix, 2014.
248 p. ; 18 cm.

ISBN 978-85-8230-139-5

1. Paris (França) - Descrições e viagens - Guias. I. Título.
14-12081

CDD: 914.436
CDU: 913(443.61)

AGRADECIMENTOS

À minha mãe, que me proporcionou
a vida para eu poder viajar.

A uma amiga, que disse enquanto
tomávamos um café: "Márcio, podem
tirar tudo de você, menos a sua
educação, o seu conhecimento
e suas recordações de viagens".

E a um amigo, que terminou uma conversa
sobre planejamento de viagem assim:
"Viajar é o antes, o durante e o depois".

SUMÁRIO

Apresentação

Há alguns anos, durante uma solitária viagem à Índia, pensei em como seria compartilhar, de fato, aquele turbilhão de impressões – as águas do Ganges em Benares, as montanhas da Caxemira, as velhas estações de trem inglesas na rota Délhi–Calcutá ou a deliciosa comida vegetariana, jamais servida antes da pergunta: "Spicy or not spicy?".

Para além das muitas imagens de um país extraordinariamente antigo e colorido havia milhares de histórias, pérolas, dicas, erros, sustos e descobertas que, infelizmente, não registrei por escrito e que, por isso, acabaram se transformando em uma espécie de "lenda pessoal". Hoje, se me perguntam sobre como é viajar à Índia, digo que é sensacional, cito algumas passagens e exclamo um "vai lá!" – e paro por aí.

Com base nesse referencial é possível afirmar que as viagens de Márcio Carvalho Jardim são muito diferentes.

Ele não apenas vive todas as experiências, as nuances, prazeres e riscos inerentes à jornada, como também tem talento para compartilhar cada um desses conteúdos com precisão, afeto, honestidade, entusiasmo e capacidade de maravilhar – sem aquela coisa de "contei o segredo e o final da história", mas com enormes doses de "abra os olhos, curta, não tenha medo!".

Ele faz isso por meio de fotos e textos saborosos, algo realmente raro nas seções de livros de viagem de nossas livrarias. Uma obra digna de um verdadeiro viajante, um contador de histórias à moda de Homero, Hemingway e Gurdjieff.

Depois de tantos elogios – com os quais, tenho certeza, você vai concordar assim que começar a ler –, já estou me sentindo como aquele passageiro extraviado que atrasa a excursão. A pergunta é: por que, então, não vamos direto ao ponto, ao primeiro capítulo, à arrumação das malas e ao sonho? A resposta é: demorou!

Boa viagem! Aliás, boas viagens: a das próximas páginas e aquelas que, tenho certeza, serão por elas inspiradas.

Rodrigo Wolff Apolloni
Jornalista

P.S.: Dizer "esse menino vai longe" é o mais redondo truísmo. Ele vai mesmo. Ainda bem!

Planejamento

De que você precisa para viajar à França?

PASSAGEM ✓

Várias companhias fazem voos com conexão para a França. A TAM e a Air France têm rotas diretas. A regra principal é: quanto maior a antecedência, menor será o preço. Costumo comprar a passagem cinco meses antes da viagem, no mínimo, e parcelo o valor em cinco ou seis vezes. Assim, ao embarcar essa dívida estará quitada. Há vários sites (www.submarinoviagens.com.br ou www.decolar.com.br, por exemplo) para comparação de preço, para verificar as promoções ou para adquirir sua passagem. Outra opção é comprar através de uma agência de turismo, que cobrará uma taxa pelo serviço. Algumas pessoas aguardam até a proximidade da data da viagem para conseguir uma "promoção relâmpago". É um grande risco, pois é provável que os bilhetes se esgotem, principalmente na alta temporada, ou, se houver passagens, os preços serão muito altos.

PASSAPORTE ✓

Deve ter validade mínima de seis meses. Não deixe para fazer o seu – ou renovar – próximo do período da viagem. Solicite com antecedência a fim de evitar imprevistos. Para obter informações, visite o site da Polícia Federal: www.dpf.gov.br. Não é necessário visto para viagens com permanência de até 90 dias.

SEGURO DE VIAGEM ✓

Com cobertura mínima de 30 mil euros, para uso em caso de acidente ou enfermidade, regra do Tratado de Schengen (acordo assinado entre os países da Comunidade Europeia sobre a abertura das fronteiras para livre circulação, estabelecendo regras específicas para os viajantes) do qual a França faz parte. O seguro pode ser adquirido em agências especializadas ou em agências de turismo. Alguns cartões de banco oferecem o serviço gratuitamente, dependendo do perfil do correntista. Consulte o seu banco.

DOCUMENTOS ✓

Organize uma pasta com todos os documentos referentes a sua viagem, como reservas de hotéis, passagens aéreas ou de trem e bilhetes de entrada para as atrações. Leve a pasta em sua bagagem de mão; isso ajuda caso solicitem algo para verificação e comprovação na entrada do país.

BAGAGENS ✓

Um passageiro que viaja em classe econômica para a Europa pode levar duas malas de 32 kg e uma de mão, com o peso variando entre 5 kg e 10 kg – depende da companhia aérea. É proibido o transporte de líquidos ou gel em frascos acima de 100 ml. Os produtos adquiridos em *free shop* devem ser embalados em sacolas plásticas fechadas, com a nota fiscal à mostra. Para comprovação da compra no Brasil, leve a nota fiscal dos seus pertences eletrônicos, como tablets, notebooks ou câmeras fotográficas. A cota-limite para compras no exterior é de 500 dólares. Para obter informações sobre o que você pode trazer em sua bagagem na volta ao país, consulte o site da Receita Federal: www.receita.fazenda.gov.br.

DINHEIRO ✓

A moeda utilizada na França é o euro. As notas são de 5, 10, 20, 50, 100, 200 e 500 euros. As moedas são de 1, 2, 5, 10, 20 e 50 centavos e de 1 e 2 euros.

Onde comprar?

Casas de câmbio. Geralmente estão localizadas em shopping centers ou centros comerciais. É necessário preencher um cadastro para identificação na primeira aquisição de moeda estrangeira. Para quantias acima de 1.000 euros é aconselhável reservar com antecedência. Não se esqueça de exigir o recibo de compra.

Bancos. Consulte no mínimo dois bancos sobre a aquisição de moeda estrangeira e fique atento às taxas.

Cambistas. Dois inconvenientes: não haver recibo válido e a probabilidade de aparecerem notas falsas.

Como levar?

Money belt. Minibolsa de tecido que pode ser amarrada no peito, na perna, na cintura ou no braço. Há novas técnicas, como compartimentos secretos em cintos ou

Igreja de Auvers, quadro de Vincent van Gogh – Museu d'Orsay

sapatos. Um amigo mandou uma costureira fazer bolsos com zíper invisível em suas cuecas. Como ele mesmo mencionou, poderiam deixá-lo somente com a roupa íntima, mas não levariam o dinheiro.

Traveller check - cheque de viagem. É uma opção em desuso. Funciona como um cheque comum e pode ser trocado pela moeda local em casas de câmbio. Os valores dos cheques de viagem são definidos e, se utilizados em algum estabelecimento comercial, o troco é em dinheiro. Eles não têm prazo de validade, ou seja, se sobrar alguma folha, você poderá utilizá-la em uma próxima viagem. Verifique as taxas do seu banco e analise se a opção é vantajosa.

Cartão pré-pago. Essa é a opção mais utilizada atualmente. Antes de viajar, você carrega com a quantia que quiser e pode recarregá-lo por telefone ou via internet durante a viagem. Há uma assistência telefônica 24 horas em português e consulta de saldo on-line. A conversão na moeda local é de acordo com o câmbio do dia, mais a incidência de IOF. Caso necessite de dinheiro, você pode sacar nos caixas eletrônicos com a bandeira do cartão. Há tarifas para saque e o valor depende da instituição financeira.

Dicas: dinheiro

Por recomendação do Ministério das Relações Exteriores, o brasileiro que viajar para a Europa deve comprovar um recurso financeiro de 60 euros por dia. Não é preciso ter essa quantia em espécie. Outros recursos, como cartões de crédito (com comprovação bancária do limite), cartões de débito e cheques de viagem (traveller checks), podem ser utilizados para comprovação. Em nenhuma das minhas viagens foi solicitada a verificação desses recursos, mas, por precaução, deixe tudo organizado.

Mesmo que você tenha cartão de crédito ou outro recurso, é recomendável levar uma quantia de euros em espécie para os primeiros gastos a fim de evitar as altas taxas de câmbio nos aeroportos ou em casas especializadas no país de destino.

Utilize o cartão de crédito somente em casos de emergência. O Imposto sobre Operações Financeiras – IOF – pode gerar surpresas desagradáveis na fatura. E não se esqueça de liberar o cartão para uso no exterior antes de viajar.

Pode-se sacar dinheiro nos diversos caixas eletrônicos diretamente da sua conta no Brasil. Lembro mais uma vez: consulte as taxas do seu banco.

É indispensável levar um porta-moedas. Em toda a Europa, as moedas são muito importantes, principalmente para comprar café, pão e lembranças de baixo valor. Lembre-se: moeda é dinheiro.

Se levar grandes quantias de dinheiro em espécie, veja a melhor forma de guardar. Verifique se no hotel há cofre e não deixe em bolsas e carteiras que podem ser abertas facilmente ou em quartos de hotel. Divida a quantia para não deixar tudo em um mesmo lugar.

Cuidado: não conte nem mostre a quantia de dinheiro em sua carteira. Em alguns locais, vi turistas tirando do bolso – ou das bolsas – pequenos maços de notas para pagar algo. Principalmente nas grandes cidades, sempre há pessoas atentas para escolher a próxima vítima de um assalto. Separe as notas que utilizará no dia e, caso falte, procure um lugar reservado para mexer em seu dinheiro.

Homens: nunca deixem a carteira no bolso de trás. Deixe-a no bolso da frente ou em uma bolsa a tiracolo, que pode ser levada na parte da frente do corpo. Mulheres: bolsas sempre na parte da frente do corpo. Para os dois: não é aconselhável deixar a carteira em mochilas carregadas nas costas. No meio da multidão, alguém pode furtá-la sem você perceber.

Anote os números de todos os cartões, números de emergência e telefones dos bancos para cancelamento dos cartões. Caso ocorra algum imprevisto, é mais fácil e rápido ter tudo em mãos para efetuar o bloqueio.

VIAJAR ACOMPANHADO OU SOZINHO?

ACOMPANHADO

• **Vantagens**: uma companhia que está vivendo a mesma alegria de viajar; duas cabeças pensam melhor que uma; alguém para tirar fotos suas sem a necessidade de pedir para um estranho; dividir as despesas. Exemplo: um quarto com duas camas de solteiro – ou de casal – sai, na maioria das vezes, mais em conta do que um quarto para uma pessoa; maior segurança; após a viagem, poder relembrar fatos com alguém que vivenciou o mesmo passeio.

• **Desvantagens**: discussões; temperamentos e desejos diferentes; mau humor; acompanhante mimado. Exemplos: "Não como cebola, alho, arroz, massa, feijão, verduras, legumes, frutas e carne"; "Você não está pensando que eu vou dormir nessa cama, está?"; falta de disposição: "Mas ainda tem tudo isso pra ver?".

Sozinho

• **Vantagens**: fazer o que quiser, como quiser e quando quiser; obrigatoriedade de se comunicar em outro idioma; maior contato com a cultura do país; aproveitar os momentos para conhecer a si mesmo e para refletir.
• **Desvantagens**: os custos poderão ser mais altos; não haverá alguém próximo para comentar ou compartilhar os passeios da viagem; é preciso ficar atento a tudo – atenção em dobro.

Frase de um amigo: "Você realmente conhece uma pessoa quando viaja com ela". Está em dúvida se vai pedir alguém em casamento ou não? Convide-a(o) para viajar! Ou, quem sabe, é o momento de convidar seus pais – com quem há anos você não faz uma viagem – para aproveitar a companhia deles enquanto estão por aqui.

Viajar por conta própria ou por agência de viagens? ✓

Viajar com o auxílio de uma agência de viagens significa não ter a preocupação com grandes detalhes de planejamento, como compra de passagem, escolha de hotel ou ingressos para as atrações que a cidade pode oferecer. Os únicos dados que devem ser informados são as datas da viagem, destino e sua disponibilidade financeira.

Uma desvantagem é a obrigatoriedade de seguir o roteiro imposto e ainda pagar um preço equivalente aos serviços oferecidos, torcendo para que tudo ocorra exatamente conforme foi combinado.

Chapelle Foujita, na cidade de Reims, próximo
à fábrica de champanhe Mumm

Escolha agências conhecidas ou agências cujos serviços já tenham sido utilizados por amigos. Verifique todos os detalhes na hora da compra, como hotéis, passagens e passeios, ou seja, tudo que esteja incluído no pacote. Atualmente, com a internet pode-se analisar o hotel oferecido, obter informações sobre a agência e relatos de outros turistas.

Por outro lado, viajar por conta própria é uma opção mais trabalhosa: é necessário realizar todos os processos de organização da viagem, como estruturar o roteiro, procurar hospedagem e pesquisar passagens, por exemplo. No entanto, esse trabalho proporciona uma grande vantagem: adquirir conhecimentos sobre o país e cidades de destino, descobrindo pontos valiosos que não estão nos guias de viagem.

Na minha opinião, correr por dez países durante quinze dias, parar somente nos pontos turísticos principais, tirar dezenas de fotos, retornar para o seu país e chegar completamente exausto em casa não é aproveitar uma viagem.

Quando encontrar um amigo que tenha visitado o mesmo país, será automático ouvir algo como: "Nossa, foi a Paris? Tomou café no local onde foi filmado *O fabuloso destino de Amélie Poulain*?". Se a sua viagem foi como a descrita no parágrafo anterior, a resposta será não, pois só houve tempo de olhar o local por fora e continuar seguindo o guia de turismo para não se perder do grupo.

Para tudo existem vantagens e desvantagens. O importante é analisar o que será mais vantajoso. Viajar por conta própria é mais em conta? Com certeza! Com a agência paga-se um valor maior, pois tudo está pronto. Um grande receio dos turistas em viajar por conta própria é que não saberão o que fazer caso ocorra algum problema ou algum imprevisto. Por experiência própria, posso afirmar: fazendo um bom planejamento, não há insegurança que resista.

QUE TIPO DE TURISTA VOCÊ É?

Brainstorming é um termo em inglês muito utilizado em Administração e Comunicação e significa, na tradução literal, "tempestade cerebral". Mas o que é isso?

Difundido em várias áreas, o termo é usado para gerar novas ideias, perguntas e conceitos sobre qualquer assunto. Pela regra, deve ser realizado em grupo, mas nada impede de fazê-lo sozinho. Sugiro essa técnica porque seu cérebro deve "chover" desejos, anseios, dúvidas ou qualquer outro fator sobre a sua viagem.

O motivo? Você deve saber o que quer! Perguntas como "Por que estou indo para a França?"; "O que eu quero ver em Paris?"; "Quais as cidades que eu quero conhecer?" devem começar a "pipocar" em sua mente. Não é necessário ter as respostas imediatamente, mas, se conseguir, elas irão mudar no decorrer do planejamento da sua viagem. Primeiramente é preciso definir o seu perfil de turista e o tipo da viagem.

Exemplos de perfil de turista

Fast (ligeirinho): dezenas de cidades e atrações em poucos dias.
Slow (tartaruga): poucos países – geralmente apenas um – em vários dias.

Catedral Notre-Dame de Amiens

Mauricinho ou patricinha: preferem as capitais e os centros urbanos.
Matuto: cidades pequenas e interioranas são as suas preferidas.
Outros: o solitário, o aventureiro, o marujo (cidades praianas), o glutão, o estudante, o amador (primeira viagem internacional), o flex (às vezes um, às vezes outro perfil)...

TIPOS DE VIAGEM ✓

Econômica ou aventureira: com o mochilão nas costas, percorrendo todas as cidades desejadas e gastando pouco.
Romântica: uma viagem a dois, visitando os destinos que inspiram o amor até que a morte (ou a discórdia) os separe.
Luxuosa: seu pai decidiu dar a sua parte na herança para abrir um pequeno negócio e você, rebelde, decidiu gastar tudo na Europa com bons hotéis e restaurantes.
Em cima do muro: alguns dias a caviar... outros, a pão e água.
Outros tipos: cultural, intercâmbio, para curar dor de cotovelo, a negócios (aproveitando o tempo livre para o turismo), para conhecer a terra dos seus antepassados...

Independente do tipo ou perfil, é necessário definir esses fatores no primeiro momento. Por quê? Esses pontos afetarão diretamente todo o planejamento da sua viagem, como passagens, hospedagem, alimentação e atrações turísticas. Tudo será baseado em seus objetivos e em sua personalidade. Qualquer viagem requer atenção especial para não esbanjar dinheiro e aproveitar o máximo possível.

Sou um turista *slow* e adepto da viagem econômica. A minha satisfação em uma viagem é apreciar com calma os passeios, os locais, a cidade e as pessoas, aproveitando e vivendo a cultura. Paris é uma cidade grandiosa, com diversidade cultural e histórica imensurável, por isso não é possível visitá-la em um ou dois dias.

Quando viajamos pela primeira vez, principalmente para lugares distantes, um "clique" ocorre em nosso cérebro, piscando a informação: "O mundo não é do tamanho do bairro em que você vive". Existem transportes diferentes, alimentos estranhos, culturas exóticas (para nós, pois eles pensam a mesma coisa da nossa). Permanecer todo o tempo disponível em um país só pode fazer a diferença entre visitar e conhecer um lugar.

Lembre-se de ser econômico, mas não miserável. Comprovei que podemos fazer uma viagem fantástica, muito bem planejada, aproveitando ao máximo e gastando muito menos do que o senso comum acredita. Conheço pessoas que viajam para um lugar e passam todo o período comendo meio sanduíche no almoço e a outra metade no jantar. Não sou contra; cada um tem um perfil, até porque todos nós conhecemos nossas limitações financeiras.

Já que você se dispôs a planejar uma viagem, gastar com passagens e hotel, tirar dias de férias e adequar outros fatores, não é melhor aproveitar o país e o que ele pode oferecer? Almoçar em alguns restaurantes para experimentar a comida típica, conhecer atrações turísticas importantes e visitar cidades próximas são ações imprescindíveis para a concretização da sua viagem. Podemos realizar essas ações perfeitamente, sem deixar nossas roupas como forma de pagamento ou lavar pratos para quitar a dívida.

QUAL A MELHOR ÉPOCA PARA VIAJAR? ✓

Essa pergunta está diretamente relacionada com o item anterior, e a resposta é: depende. Se você quiser praia, é evidente que o verão é a época mais adequada; se quiser esquiar, é óbvio que deverá viajar no inverno; você prefere temperaturas mais amenas? Primavera e outono são as estações ideais.

Por que você precisa definir esse ponto? A resposta afetará o seu custo total, o que levar na mala, atrações turísticas e eventos. Creio que o ponto principal é o custo. Você, provavelmente, já ouviu falar em alta e baixa temporada. Também há essa definição em viagens nacionais e a explicação é óbvia: baixa temporada = custo baixo; alta temporada = custo alto. A prefeitura de Paris considera alta temporada o período entre 1º de abril e 31 de outubro e baixa temporada entre 1º de novembro e 31 de março.

As estações do ano na França

Primavera – 21 de março a 21 de junho: os jardins estão floridos e os parques repletos de cores – locais com essas características, como os Jardins de Versalhes e o Jardim de Luxemburgo, tornam-se atrações ainda mais deslumbrantes.

Verão – 21 de junho a 20 de setembro: os parisienses viajam e muitos estabelecimentos ficam em férias coletivas. O número de opções para eventos e espetáculos diminui em comparação com a primavera e o outono. Muitos aproveitam as margens do Rio Sena e os parques da cidade para se refrescar. As cidades turísticas e praianas ficam lotadas, o clima é muito quente, os dias são mais longos e os preços sobem para a estratosfera. Tente evitar viajar em agosto, pois é o ápice do verão no hemisfério norte e o calor é insuportável.

Outono – 23 de setembro a 20 de dezembro: os parques ganham a coloração bronze e marrom das folhas quc caem das árvores. O clima é agradável, excelente para visitar a cidade.

Inverno – 21 de dezembro a 20 de março: frio e neve em Paris. Em compensação, a iluminação de Natal é deslumbrante! É o período de menor custo para viajar. Como consequência, poucas pessoas saem às ruas, várias atrações turísticas estão fechadas e os dias são mais curtos.

O equilíbrio: o ideal é viajar na primavera ou no outono, quando as temperaturas estão mais agradáveis e os preços mais acessíveis.

POUPANÇA ✔

É quase impossível saber quanto será gasto em uma viagem, a menos que você tenha um comportamento espartano, designe uma média diária de gastos e não a ultrapasse em hipótese alguma. É impossível resistir! A tentação é potencializada de uma forma inimaginável.

Um exemplo pessoal para compreensão do problema: uso camisa social e no Brasil não se encontram peças de qualidade por menos de R$ 150,00. Quando fui para a Itália, entrei em lojas conceituadas no final da liquidação de inverno e encontrei camisas com cortes perfeitos e ótimos tecidos por 10 euros. Imagine a minha expressão, conferindo dezenas de vezes a etiqueta para me certificar de que eu não estava enxergando errado.

Não vou comentar sobre a gastronomia, passeios, aparelhos eletrônicos e perfumes. O comportamento é idêntico ao de uma criança em uma loja da Disney - isso é natural, pois você encontra dezenas de itens com preços excelentes e um desejo incontrolável para experimentar, comprar e gastar. O desejo aparece e não sai da sua mente.

Pode-se minimizar o problema realizando alguns cálculos, uma média de gastos, mantendo um controle firme e, principalmente, só usar o cartão de crédito em último caso. Mesmo assim, não é difícil cair em tentação. Na minha última viagem, prometi que faria compras somente no final, para evitar grandes gastos. No segundo dia entrei em uma loja fantástica e comprei duas jaquetas de couro que custaram, cada uma, 23 euros.

Quanto gastar é considerado um dos grandes "monstros" do turista. Subtrai aqui, acrescenta ali, até fechar o orçamento e conseguir realizar os seus objetivos. Sendo prático, uma previsão geral de gastos surgirá apenas quando o roteiro final for concluído, pois o preço da passagem, das atrações turísticas, hotéis, transporte e uma média do que irá gastar com alimentação estará definido quase em sua totalidade. Mesmo assim, acredite, haverá mudanças.

O planejamento de uma viagem internacional requer tempo, se o objetivo for aproveitá-la ao máximo e gastar pouco. Quando decidi que iria viajar, abri uma poupança e comecei a guardar dinheiro e a cortar gastos. Deve-se poupar uma parte dos rendimentos a partir do momento em que se decide viajar. Não deixe para mais tarde, pois é muito provável que você não alcance o valor necessário ou fará muitas dívidas. Lembre-se: planejamento = turista feliz e, principalmente, sem dívida no cartão de crédito.

Não sabe como guardar dinheiro? Veja alguns exemplos práticos.

Para os homens

Digamos que você tome, em um fim de semana, uma média de 5 latinhas de cerveja no bar. Vamos calcular o preço em R$ 5,00. Nos dois dias, você gasta R$ 25,00. Em um mês = R$ 100,00. Em um ano = R$ 1.200,00. Com esse dinheiro, você pode pagar 16 dias de hospedagem em um albergue, que cobra 25 euros/dia. Na análise, só levei a cerveja em consideração. Ainda há outros fatores, como por exemplo estacionamento, petiscos, cigarro, bebidas pagas para os amigos...

Em média, você vai uma vez a cada quinze dias ao cinema com a sua namorada. Análise: preço do cinema = R$ 18,00 para uma pessoa (você paga as duas porque é um cavalheiro – duas entradas: R$ 36,00); estacionamento = R$ 15,00; os famosos "combos" – pipoca e refrigerante –, média de R$ 25,00. Total = R$ 76,00. Em um mês = R$ 152,00. Em um ano = R$ 1.824,00. Com esse dinheiro, pode-se perfeitamente almoçar e jantar na França (média de 15 euros por refeição) por 20 dias. Observe que eu não

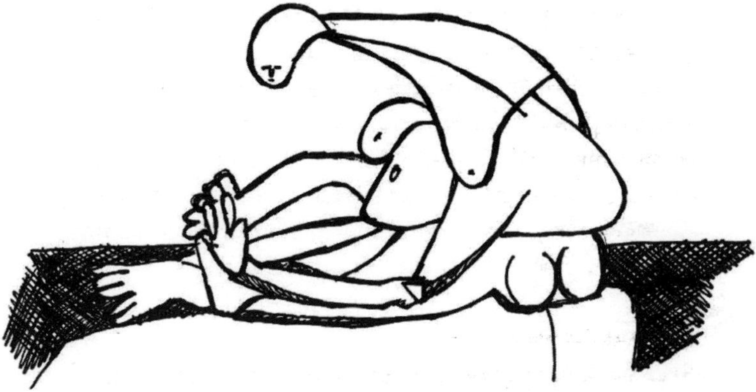

Femme assise sur la plage – Mulher sentada na praia, de Pablo Picasso –
Museu de Belas Artes de Lyon

mencionei lugares a que você poderia levar sua namorada depois do filme.

Não estou dizendo que é necessário deixar de tomar cerveja ou ir ao cinema, mas, de vez em quando, você pode comprar a bebida no supermercado e convidar os amigos para se divertir em casa ou convidar a namorada para assistir a um filme em DVD.

Para as mulheres

Quem faz as unhas das mãos todo fim de semana e as dos pés a cada quinze dias gasta, no mínimo, R$ 90,00 em um mês. Em um ano = R$ 1.080,00. Com esse dinheiro é possível visitar, em média, 36 atrações turísticas francesas (média de preço por atração = 10 euros). Sem contar as mechas no cabelo no valor médio de R$ 150,00. Total gasto com mechas em um ano = R$ 900,00. Vou parar por aqui, pois ainda poderia falar da sobrancelha, maquiagem, depilação...

Não é necessário dispensar completamente as visitas ao salão, mas, por um período, seria interessante você mesma fazer suas unhas ou pedir para uma amiga fazê-las enquanto conversam; esquecer as mechas por um período e ficar com o cabelo na cor natural; passear no shopping e deixar o cartão de crédito em casa.

Dica importante: não tem nada para fazer no fim de semana? Caminhe em um parque, leia este livro com uma xícara de chá. Nunca vá ao shopping! Pesquisas mostram que uma mulher, quando está ociosa e deprimida, gasta em média R$ 123,00 em roupas e sapatos num período de três horas.

Mas sugiro continuar com a depilação! Já imaginou você igual à Monga, a mulher-macaca, explicando para o seu namorado que ficará assim durante um ano para economizar dinheiro para a viagem? Um dos objetivos é não ficar solteira, não é mesmo? Lembre-se: solteiros gastam mais em viagens internacionais.

DURAÇÃO DA VIAGEM

Após definir a época do ano, é necessário analisar a duração da sua viagem. Nesse momento, um pensamento surge em sua mente: "Agora vou saber quantos dias devo ficar para aproveitar ao máximo". Aviso antecipadamente que não vou responder a essa questão. Tudo depende dos seus objetivos.

Além do mais, um fator importante tem de ser levado em conta: quantidade de dias disponíveis para viajar. Sua intenção é ficar trinta dias, mas seu chefe liberou somente vinte... E agora, você não vai? Claro que sim!

Se o período for inferior a dez dias e você não tem uma excelente condição financeira, um conselho: não viaje. Aguarde e economize para acrescentar mais alguns dias ao roteiro. Afirmo isso baseado em uma justificativa: o valor da passagem é alto e não compensa viajar por um período curto, mesmo pagando em doze vezes. Pelo custo, a permanência deve ser de, no mínimo, quinze dias.

São necessários, em média, de doze a quinze dias para conhecer o básico de um país. Entende-se por básico a capital e duas cidades grandes ou a capital, uma cidade grande e duas pequenas, próximas uma da outra. Mas vamos partir do pressuposto de que não há nenhuma

Casas em estilo normando na cidade de Rouen, capital da Normandia

ideia de como organizar o período da sua viagem. Excluindo a opção número 1 – o máximo de tempo –, vamos a outras opções.

Sendo o período inferior a trinta dias e com a flexibilidade de escolher o mês, tente encaixar um feriado prolongado. Exemplos: marque seus dias na primeira segunda-feira após a sexta-feira santa; com isso há um ganho de três dias. Ou analise a possibilidade de emendar com o carnaval. Nesse caso, fique atento à estação do ano no país de destino.

Nunca conte os dias de partida e de retorno da sua viagem. Exemplo: se o período for de quinze dias para viajar, o roteiro deve ser de treze dias. Inserindo esses dias no roteiro – com atrações turísticas –, pode-se perdê-los devido a atraso do voo, cansaço ou inchaço dos pés. Deixe como "dia curinga". Se ocorrer um milagre (voos no horário e uma grande disposição), aproveite para conhecer a cidade, andar pelas ruas, sentir o clima e conhecer os lugares ao ar livre, como praças, parques e jardins.

Existem cidades pequenas que podem ser visitadas em um único dia, mas é necessário saber quais são e, principalmente, como chegar e o tempo de deslocamento. Sei que um pensamento insiste em martelar nossos cérebros nesse momento: "Já que estou indo, quero conhecer o maior número de cidades possível". Fuja dessa armadilha mental! Monte seu roteiro com poucas cidades a fim de conhecê-las calmamente, desfrutando tudo que elas podem oferecer. Esse é um dos prazeres de viajar!

DEFINIÇÃO DAS CIDADES-BASES E DAS CIDADES-SATÉLITES ✓

CBs – Cidades-Bases: são aquelas em que você irá se hospedar. Os turistas costumam usar a expressão "cidade onde vou montar base". Geralmente são as cidades maiores, com várias opções de hospedagem, diversas atrações e variados meios de transporte, principalmente aeroportos. É a partir da CB que você irá conhecer as CSs.
CSs – Cidades-Satélites: são as cidades menores, que podem ser visitadas em um dia ou até mesmo em meio dia (viagens rápidas, chamadas bate-volta). Na maioria das vezes são locais que estão ao redor das grandes metrópoles ou cidades muito pequenas, com menos opções de hospedagem.

Agora que já estão definidas a época e a duração da viagem, chegou a hora de definir as cidades que farão parte do roteiro. É um rascunho inicial e as pesquisas prévias são inevitáveis. Dica: consulte vários sites, guias e livros. Nesse ponto, a preferência pessoal é o fator de decisão: capitais, cidades pequenas ou praias.

Durante essa fase é interessante conversar com pessoas que já conhecem seu país de destino. É um excelente campo para pesquisa. Porém, para saber a opinião de outros viajantes, é necessário ter senso crítico para avaliar os pontos abordados. Todos nós enfatizamos os lugares e as coisas que mais nos agradam. Frases como "Não vá para aquela cidade porque não tem muita coisa para ver..." ou "Como assim, você não vai para aquela cidade?" são sempre usadas. Faça suas escolhas de acordo com a sua vontade. Se você quer visitar um local que a maioria o aconselhou a não ir, vá e ponto final. É a sua viagem!

Após a escolha das cidades, comece a definir suas CBs e CSs. A sua primeira CB será a entrada no país. Exemplo: Paris. Para ajudar, compre um mapa da França (ou imprima da internet) e trace rotas, faça anotações, marcações e identifique distâncias. Há programas específicos na internet para essa função, como o Google Maps, um dos mais utilizados.

Fique atento quanto à definição da cidade de chegada e partida do país. Pode-se escolher a mesma para as duas funções ou cidades diferentes. Uma dica: a segunda opção é mais interessante. Assim, há economia de tempo e dinheiro, pois não é necessário voltar para o aeroporto de chegada se o seu trajeto pelo país é uma linha reta, por exemplo. Cuidado: na maioria das vezes, essa opção pode deixar a passagem mais cara. Consulte!

Após definir a primeira CB, deve-se iniciar a busca pelas outras cidades escolhidas no mapa. Preste atenção, pois suas escolhas devem seguir uma rota uniforme, ou seja, deve-se iniciar de um ponto e seguir em frente. Exemplos: 1) na minha viagem para a Itália, segui uma linha reta, partindo de Milão e terminando em Nápoles; 2) no meu percurso pela França, iniciei em Paris e contornei o país, finalizando em Paris novamente.

Exemplo de como traçar seu trajeto: sendo Paris sua primeira CB, suas CSs poderão ser Rouen e Amiens. Não localizou nenhuma CS nas proximidades da sua base? Vá para a segunda CB e assim sucessivamente, até finalizar a quantidade de dias e as cidades da sua viagem. Alguns detalhes: sobraram dias? Faça uma nova pesquisa ou deixe mais tempo para as cidades maiores. Faltaram dias? Provavelmente você escolheu muitas cidades ou deixou muitos dias para cada uma. Faça uma revisão no roteiro da viagem!

ROTEIRO DA VIAGEM ✓

Planejamento é essencial para uma viagem ao exterior. É indispensável conhecer o que a cidade pode oferecer em todos os seus aspectos e particularidades. Se você não é metódico e não gosta de fazer muitas pesquisas, sugiro a compra de um bom guia de turismo e, pelo menos, folheie com calma em um dia tranquilo ou durante a longa viagem de avião. Mas se você é como eu, fascinado por pesquisas e elaboração de roteiros para aproveitar ao máximo o dinheiro investido, parabéns!

Abuse de uma ferramenta fantástica: a internet. Em um único site de pesquisa é possível encontrar milhares de informações sobre o país de destino. É possível encontrar, inclusive, dezenas de surpresas que a sua imaginação nem cogitava. Porém, cuidado: informação demais pode ser prejudicial! Mantenha o foco para não fazer mudanças que prejudiquem o andamento das suas férias.

Ao folhear um guia completo de um país, o assombro com a quantidade de dados, cidades e atrações é perfeitamente normal. Não dá para visitar ou conhecer tudo que está descrito. É necessário optar ou trocar uma atração por outra mais interessante ou ficar mais tempo em uma cidade e não ir para outra. Filtrar as informações e fazer escolhas é essencial!

Dica importante: compre o maior número de entradas possível através dos sites das atrações. Será de grande

Beffroi du Palais de la Bourse, na cidade de Lille

auxílio para evitar filas numerosas. E não se esqueça de imprimir todos os e-mails de confirmação de compra. Por precaução, guarde todos em uma pasta específica em seu e-mail particular. Caso aconteça algo, eles estarão salvos!

Nesse ponto entra um erro cometido por turistas desavisados: incluir no roteiro da viagem grande número de atrações turísticas ou cidades. No início, o enorme roteiro diário é concluído, mas a exaustão começa a [illegible] dias seguintes. Para um planejamento [illegible]e calcular tempo, percurso até o local e [illegible]ração.

Como fiz meu roteiro de Paris

Doze dias na cidade (o dia da chegada, 6 dias visitando Paris e 5 dias as cidades próximas). Antes de viajar, comprei um mapa da cidade e dividi em 6 áreas (o sétimo dia reservei para Versalhes) e dei o nome de uma atração turística: Roteiro 1 – Torre Eiffel; Roteiro 2 – Centro Pompidou; Roteiro 3 – Sacré-Coeur; Roteiro 4 – Notre-Dame; Roteiro 5 – Museu do Louvre; Roteiro 6 – Arco do Triunfo; Roteiro 7 – Versalhes. Nessas áreas, marquei as atrações turísticas que eu gostaria de visitar. Se sobrasse tempo, exploraria mais a região da área específica, sem nunca abranger outra área. Dessa forma organizei o tempo e as atrações, pois as áreas tinham praticamente a mesma dimensão. Para a ordem, analisei os dias da semana em que os museus fechavam. Por exemplo: o Museu do Louvre fecha às terças-feiras, ou seja, não poderia realizar o Roteiro 5 nesse dia da semana. Essa organização foi extremamente prática e o resultado foi perfeito.

Roteiro 1 – Torre Eiffel: Torre Eiffel, Museu Rodin, Museu du Quai Branly, Hôtel des Invalides, Église Saint-Louis des Invalides, Église du Dôme e Chapelle Notre-Dame de la Médaille Miraculeuse.

Roteiro 2 – Centro Pompidou: Centro Pompidou, Hôtel de Ville, Museu Carnavalet, Museu Picasso, Place des Vosges, Place de la Bastille e Ópera Bastille.

Roteiro 3 – Sacré-Coeur: Moulin Rouge, Museu do Erotismo, Café des Deux Moulins, Moulin de la Galette e Basílica de Sacré-Coeur.

Roteiro 4 – Notre-Dame: Saint Chapelle, Cripta Arqueológica, Catedral de Notre-Dame, Pont Neuf, Jardins de Luxemburgo, Église Saint-Sulpice, Instituto do Mundo Árabe, Sorbonne e Panthéon.

Roteiro 5 – Museu do Louvre: Museu do Louvre, Museu d'Orsay, Jardin des Tuileries, Museu de l'Orangerie, Place de la Concorde, Place de la Madeleine, Pinacoteca de Paris, Printemps e Galerias Lafayette.

Roteiro 6 – Arco do Triunfo: Arco do Triunfo, Avenida Champs-Élysées, Grand Palais, Petit Palais, Pont de l'Alma e Pont Alexandre III.

Roteiro 7 – Versalhes: Complexo do Palácio de Versalhes.

Mesmo com todos os locais definidos, percursos traçados, informações e outros planejamentos, são inevitáveis as alterações durante a viagem. Pode-se permanecer mais tempo em uma atração e não visitar outra; calcular o horário de forma errada e perder algum ponto turístico ou aguardar muito tempo em filas. Exemplo: no Roteiro 5 – Museu do Louvre, inseri

Fonte da cidade de Estrasburgo

três museus em um mesmo dia, algo não aconselhável, principalmente pela enorme dimensão do Louvre. Provavelmente deixaria de conhecer um deles e, sobrando tempo em outro dia, poderia visitá-lo. Um roteiro deve ter prioridades e as minhas eram os nomes do roteiro (nesse exemplo, o Louvre). Após concluir minha atração principal, seguiria para as demais. No caso específico de Paris, consegui conhecer tudo que estava programado e muito mais, adaptando tempo e disposição.

Para desfrutar plenamente o que a cidade oferece, pesquisei muito sobre as atrações turísticas: sua história, detalhes da sua construção e, principalmente, distância e preço. Algumas pessoas consideram a fase das pesquisas tão prazerosa quanto a viagem em si. Entrar em um lugar e entender o motivo de sua existência e por que é venerado é gratificante. Acredite!

HOSPEDAGEM ✓

Posso dizer com tranquilidade: hospedagem é um dos maiores medos dos turistas, pois inclui dezenas de fatores, principalmente pessoais. Vou comentar como procuro hotéis nas cidades do meu roteiro. Abro quatro páginas na internet (ou outras de sua preferência):

www.booking.com
www.trivago.com.br
www.google.com.br
www.hostelworld.com

No site do Booking digito a cidade de destino. Um dos pontos positivos do site é o mapa que ele oferece com todos os hotéis relacionados. Procuro o ponto de referência do local onde pretendo me hospedar – geralmente a estação de trem, para facilitar o percurso. Já que farei vários bate-voltas para outras cidades, ficar longe não é uma boa ideia.

Vejo todos os lugares de hospedagem próximos. Escolho os que mais me agradam pelas fotos e opiniões. No site do Trivago procuro pela mesma cidade. Vejo os hotéis que escolhi e aproveito para dar uma olhada em outros. O Trivago é muito bom, pois faz a comparação de preços do mesmo hotel em vários sites. Há também o www.tripadvisor.com, com opiniões de diversos hóspedes.

A diferença de preços entre os sites de hotéis é exorbitante: encontrei o mesmo hotel, com o mesmo quarto, para o mesmo período, com diferença de 60 euros entre eles. Pesquise!

Depois é a vez do Hostelworld. Veja: às vezes, a diferença entre um hotel, um hostel e um albergue é irrisória. Há hotéis com quarto e banheiro privado mais baratos que um albergue, onde você é obrigado a dividir o quarto e o banheiro com outras pessoas.

Após analisar todos os lugares de hospedagem e escolher o que mais me agrada em relação a preço e localização, verifico as opiniões dos hóspedes em todos os sites. Sabemos que existem pessoas que adoram reclamar exageradamente e sem razão. Minha opinião: se você está buscando um lugar econômico para se hospedar, é claro que não terá as mesmas mordomias do Hotel Hilton.

O que importa são os seguintes fatores: localização e quarto limpo. O restante não é fator para preocupação, pois hotel é para tomar banho e descansar. As opiniões ajudam quando fazem observações sobre o cheiro dos quartos, o mau funcionamento dos banheiros ou sujeira. Esses são pontos que devem ser levados em consideração.

Depois, conforme a expressão, "jogo no Google" para solucionar minhas dúvidas finais. Procuro opiniões de turistas brasileiros e vejo se o local tem site próprio. Aproveito para verificar no Google Maps se a distância do lugar – ou atração – que o site menciona ser próximo do hotel é verdadeira. Cuidado: alguns amigos confiaram na distância mencionada em sites e concluíram que nem sempre a informação é correta, pois tiveram de fazer grandes caminhadas.

Após a escolha, faço a reserva conforme as instruções de cada site, guardo os e-mails de confirmação em uma pasta na minha caixa de entrada e os imprimo para levar na viagem. Muito trabalhoso, não é mesmo? Mas já economizei 400 euros em um planejamento de viagem seguindo esses passos.

Ao procurar hotéis nos sites de hospedagem, dependendo do período, alguns já podem estar lotados para as datas desejadas. E como a Lei de Murphy existe, provavelmente será aquele que você tanto queria. Procure o site do hotel e mande um e-mail solicitando informações sobre reservas para o período desejado (não sabe inglês ou francês? Use as ferramentas de tradução do Google). Há a possibilidade de ocorrer alguma desistência ou o hotel não anunciar todas as vagas. Essa dica é verdadeira: eu já comprovei!

Como faço as reservas com muita antecedência para aproveitar as promoções e garantir as vagas, próximo da data da viagem envio um e-mail para o hotel solicitando a confirmação do pedido. No meu caso, todos os hotéis franceses responderam, confirmando a minha solicitação. Essa é uma dica para evitar surpresas desagradáveis, como chegar a um hotel e sua reserva não constar na lista e, para agravar a situação, com todos os quartos ocupados.

Mesmo tomando todos esses cuidados, alguns problemas podem surgir. Não se desespere nem entre em colapso, até porque essas reações não resolverão nada e podem até piorar a situação. Relaxe! Lembre-se: você está de férias e para tudo na vida há um jeito.

TRANSPORTE ENTRE AS CIDADES FRANCESAS

O trem é o transporte mais utilizado na França, assim como na maioria dos países europeus. O país tem uma extensa rede ferroviária, administrada, em sua maior parte, pela estatal SNCF – www.voyages-sncf.com. Centenas de sites, blogs e guias oferecem dicas sobre a aquisição de passagens pelo site da empresa. Algumas estão erradas, outras corretas. Veja a seguir o relato da minha experiência.

As vendas das passagens iniciam com 90 dias de antecedência. Não troque o idioma do site. Permaneça na página francesa, pois os preços se alteram ao efetuar a mudança. O site é simples e intuitivo. Se tiver alguma dúvida, use um tradutor para palavras ou frases.

Tenho um cartão de crédito habilitado para compras internacionais (grande parte dos problemas

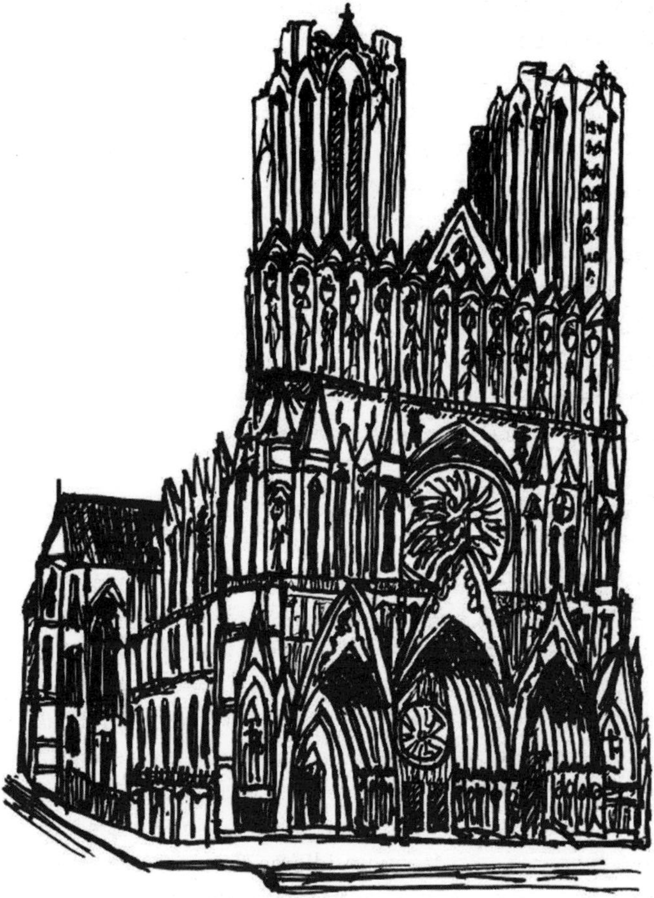

Catedral de Notre-Dame, na cidade de Reims

na aquisição de passagens no exterior é por essa opção não estar vigente). Na primeira tentativa, o processo não foi concluído e uma mensagem de erro apareceu na tela. Mais duas tentativas sem sucesso! Liguei para o meu gerente e fui informado de que alguns bancos no Brasil não trabalham com um certificado de segurança – requisito para compras no site da SNCF.

Solução: pedi ajuda para uma amiga que tem cartão de outro banco e tentamos comprar as passagens com ele. Sucesso! Realizei todos os passos do site (muito simples) e comprei as cinco primeiras passagens com a opção e-ticket (receber o *voucher* da passagem por e-mail para impressão). Ao finalizar a operação, recebi as passagens no e-mail cadastrado em arquivo PDF.

Ao efetuar a compra do trajeto Estrasburgo/Dijon, a opção de e-ticket não estava mais disponível – a passagem somente poderia ser retirada nas estações de trem ou butiques da SNCF. Detalhe: na hora de retirar a passagem é necessário apresentar o cartão com o qual a compra foi efetuada. Problema: o cartão era da minha amiga!

Mandei um e-mail para a SNCF questionando sobre a opção não estar disponível. A resposta veio rapidamente, com a informação de que para alguns destinos a opção e-ticket não está habilitada, sem explicação sobre o motivo.

Solução: comprei as passagens (aquelas que não tinham disponível a opção de e-ticket na SNCF) na RailEurope – www.raileurope.com.br. Nessa empresa as passagens custam, em média, 5 a 6 euros a mais. Não poderia correr o risco de deixar para comprar quando chegasse ao país. Na alta temporada a demanda é muito grande e os lugares de alguns trechos se esgotam rapidamente.

O site da RailEurope, como o da SNCF, é simples, tem a versão em português e aceita cartões de crédito internacionais. Escolhi a opção para imprimir nas máquinas das estações (Print@Station) porque não há a opção de e-ticket. Na finalização do processo, o site oferece um pequeno manual, em arquivo PDF, com instruções para imprimir suas passagens nas máquinas. Recebi dois e-mails para cada passagem da RailEurope: o primeiro confirmando minha aquisição e o outro – alguns dias depois – com a confirmação da minha reserva e um código para imprimir minhas passagens. Na França, efetuei as impressões nas máquinas com as instruções do manual sem nenhum problema.

Pergunta: todo esse trabalho é válido para comprar as passagens com antecedência? Resposta: comprei minha passagem para Lille com 90 dias de antecedência, pagando 28 euros na primeira classe. No dia da viagem para a cidade, verifiquei o preço para comparação: 78 euros para a primeira classe e 47 euros para a segunda classe. Economia de 50 euros.

Importante: se você imprimir sua passagem nas máquinas ou comprar na bilheteria, antes de embarcar é necessário validá-la em pequenas máquinas espalhadas pela estação. Caso não as encontre, observe onde os outros passageiros efetuam o processo. A passagem com a opção e-ticket – recebida por e-mail – não precisa ser validada nas máquinas.

Todas as informações sobre o trajeto estão impressas na passagem: horário de partida e chegada e números do trem, do vagão e da poltrona. Chegue com antecedência e verifique os painéis indicativos da estação. Neles, procure o número do seu trem e o horário. Ao encontrar esses dados, o nome da cidade no painel pode não corresponder ao seu destino. Não se preocupe, pois provavelmente ela não é o final da viagem, sendo apenas uma estação de passagem durante o percurso. O importante é o número do trem. No painel, juntamente com esses dados, estará o número da plataforma em que o trem estacionará para embarque e desembarque. Não encontrou? Solicite informações para os agentes da SNCF (com traje em tons de roxo e colete) antes do horário da partida do trem.

Na plataforma indicada há painéis com todo o trajeto (cidades e estações). Quando o trem estacionar, procure o seu vagão, entre e localize sua poltrona. Antes da partida, todas as estações de parada são anunciadas. Deixe sua passagem (lembrando mais uma vez: validada nas máquinas amarelas ou *voucher* recebido por e-mail e impresso) em um local de fácil acesso para conferência pelo agente da SNCF.

Nas várias viagens que fiz pela França, apenas em três os agentes apareceram para verificar os bilhetes. Caso alguém queira se aproveitar dessa situação para viajar sem adquirir a passagem e o agente aparecer, afirmo que será algo muito desagradável. Durante o trajeto entre Nimes e Carcassone, um passageiro não tinha o bilhete. Meus ouvidos se recordam perfeitamente dos gritos do agente ao conduzir o rapaz para outro vagão. Além do constrangimento, a multa é alta.

Os trens franceses são extremamente pontuais. Se o horário de chegada for 10h08, por exemplo, é quase certeza absoluta (salvo se acontecer algum imprevisto) que ele estacionará exatamente nesse horário na estação de destino. As estações são anunciadas alguns minutos antes de cada parada, mais um auxílio para os passageiros desatentos.

Nos vagões há banheiros e espaços coletivos para as bagagens. Para sua comodidade, vagões-restaurantes oferecem opções de lanches (sanduíches, biscoitos, pães) e bebidas (sucos, cafés, refrigerantes). Ah, e não esqueça o fone de ouvido. Apreciar as belíssimas paisagens francesas durante a viagem ao som de uma boa música, principalmente ao nascer ou pôr do sol, é simplesmente inesquecível. Acredite!

ÚLTIMAS DICAS

Filmes a que assisti (ou revi) antes de viajar:

- *A invenção de Hugo Cabret*
- *Meia-noite em Paris*
- *O fabuloso destino de Amélie Poulain*
- *Piaf – um hino ao amor*
- *Paris, eu te amo*
- *Ratatouille*
- *O corcunda de Notre-Dame*

Embaixada do Brasil em Paris: 34, Cours Albert. **Telefone:** 01 45 61 63 00. Site: www.bresil.org. Ponto de referência: Pont de l'Alma. Estação de metrô próxima: Alma-Marceau.

Torre Eiffel

Consulado do Brasil em Paris: 65, Av. Franklin Roosevelt. Site: www.cgbresil.org. Ponto de referência: Avenida Champs-Élysées. Estação de metrô próxima: Saint-Philippe-du-Roule.

Eletricidade: as tomadas francesas têm dois orifícios mais largos e um pino. A voltagem é de 220 V. Leve um adaptador universal de tomadas.

Câmera fotográfica: leve um cartão e uma bateria reserva. Imagine se no interior de um local magnífico a bateria ou o espaço de armazenamento de arquivo se esgota. Lembre-se: em alguns museus é proibido tirar fotos e aconselho você a respeitar a regra. Nos museus que permitem fotos, é proibido usar *flash*.

Caderneta para anotações: é sempre útil para anotar preços, fazer cálculos, lembretes ou mesmo para desenhar uma paisagem ou monumento. Eu prefiro aquelas que têm um local para prender a caneta, pois costumo perdê-las.

Bolsa a tiracolo ou estilo carteiro: é indispensável para guardar e carregar o necessário, como câmera, garrafa de água, caderneta, entradas impressas e guias. Dê preferência às bolsas com abas grandes (que cobrem o zíper), para maior segurança.

Chapéus, bonés e protetor solar: a sua viagem será durante o verão? Prepare-se: o sol é escaldante. Proteja-se de todas as formas e não se esqueça de passar protetor solar. Além disso, tome muita água. Conheci pessoas que interromperam uma viagem porque tiveram insolação e queimaduras de sol. Dica: leve uma sombrinha dobrável na bolsa para se proteger do sol enquanto aguarda em longas filas, por exemplo.

Lembranças de viagem: antes de comprar, reflita se realmente são necessárias. Serão úteis ou servirão para depósito de poeira? Na França, como em qualquer país com alto índice de turistas, as opções são ilimitadas. Uma lembrança de dois euros não faz muita diferença, mas somando o valor de todas no final da viagem, a quantia pode ser alta. E cuidado com o peso das malas!

Precaução: fique atento a suas bolsas e malas. Guarde com segurança o seu dinheiro e os cartões. Leve sempre com você os números de emergência, como o do seu banco, para cancelar o cartão em caso de roubo ou perda. Lembre-se: precaução não é neurose.

Disposição, ânimo e alegria: você vai viajar para o exterior, e isso é um grande motivo para comemoração! A parcela de pessoas que têm essa oportunidade é baixíssima. Aproveite para deixar o mau humor e os problemas no Brasil, trancados a sete chaves, e desfrute ao máximo! Prove comidas diferentes, faça passeios emocionantes, aproveite as pequenas e as grandes coisas e viva plenamente todas as emoções para produzir lembranças maravilhosas. Isso ninguém vai tirar de você!

Roteiros

Paris

PARTIDA

Não compreendo por que ainda programo o relógio para despertar na manhã do dia da minha viagem. Acordo muito antes para conferir mentalmente todos os pontos grifados no meu caderno de viagem – mala, documentos, dinheiro, cartões, e respondo mais de uma vez a questões como: levo mais roupas ou somente as que já estão na mala? O adaptador universal de tomadas está na mochila? Guardei os carregadores de celular e da máquina fotográfica? O que estou esquecendo? Ah, onde está a bolsa com os remédios?

Enquanto estou deitado sem mover um músculo do corpo, olhando para o teto branco do quarto – meu quadro para "escrever" o que penso –, o despertador toca no último volume (aumentei para ter a certeza de acordar e não perder a hora). Então me levanto para conferir novamente tudo que passou pela minha cabeça na cama.

Às vezes, confesso, penso que estou ficando neurótico. Mas logo esse pensamento desaparece ao me lembrar de todos os meses em que planejei a viagem e sonhei com ela. Se é um sonho, no que depender de mim nada pode dar errado.

Comprei minha passagem com seis meses de antecedência – posso acrescentar mais um mês de pesquisa em todas as companhias aéreas – e, antes da viagem, eu já estava com essa dívida quitada. Devido a compromissos pessoais, fui obrigado a viajar na alta temporada e isso implica custos elevados. O preço da passagem aérea aumenta consideravelmente e, quanto mais cedo você adquiri-la, menor será sua despesa. Uma comparação: dois dias antes do embarque, a mesma passagem custava quase o dobro do preço.

No aeroporto, ao fazer o *check-in*, pergunto no mínimo duas vezes se vou retirar minhas malas diretamente na cidade de destino ou se preciso despachar novamente na cidade em que farei conexão. Só quem já passou pela situação desagradável de sair do avião e descobrir que sua mala está "perdida" em algum lugar do mundo entende essa precaução. E eu já passei por isso duas vezes. Dessa vez, retiraria na cidade de destino (confirmado olho no olho com a atendente).

Recebi os três bilhetes de embarque (Curitiba/São Paulo; São Paulo/Munique; Munique/Paris) e fiquei apenas com um casaco (muito importante, pois pode ficar frio à noite, durante o voo) e a bagagem de mão, que continha uma pasta com todos os documentos e o roteiro da viagem, minha câmera fotográfica com a nota fiscal (para confirmar que comprei no Brasil) e algumas roupas (caso minha bagagem fosse para a China, eu poderia, pelo menos, trocar de roupa até ela voltar).

Fiz o trajeto Curitiba/São Paulo com a TAM, uma viagem rápida, de quarenta minutos. O embarque para Paris foi em Guarulhos/SP. Para o voo internacional, escolhi a companhia aérea **Lufthansa** – www.lufthansa.com – por dois motivos: o preço – comparado com outras companhias – e o alto nível de satisfação dos clientes. Hoje, faço parte do grupo que elogia e indica os serviços da Lufthansa.

Segui para o embarque e passei pela imigração brasileira, algo extremamente tranquilo e simples. Em poucos passos, já me deparei com um *Duty Free*. Faltavam poucos minutos para o horário do voo, então não "entrei em transe" com as diversas ofertas de produtos, principalmente os perfumes. Fechei os olhos para todo o resto, menos para uma barra de chocolate **Milka Choko-Swing**, o meu preferido, com recheio de creme e biscoito. Antes de viajar, já aguardava o momento de reencontrar esse chocolate. Aliás, algo que me deixa extremamente decepcionado: por que não existe no Brasil a quantidade e variedade de chocolates Milka como existe na Europa?

>>>*Na viagem de ida para o exterior, o valor para compras no Duty Free é livre, ou seja, pode-se gastar quanto quiser, pois o limite de 500 dólares só é válido para a volta ao país. Mas lembre-se: o que for adquirido na ida será considerado como compra no exterior, podendo incidir taxas alfandegárias no retorno.*

Saindo da loja e seguindo as placas, encontrei o meu portão de embarque. O momento em que realmente acredito que vou viajar para o exterior é quando estou na sala de espera, aguardando para entrar no avião. Mesmo com todo o planejamento organizado durante meses, passagens compradas e as malas prontas, é algo abstrato, que se torna concreto quando entrego o bilhete para a atendente e ela me responde com sotaque: "Obrigada e boa viagem".

Entrei no imenso avião e encontrei minha poltrona, onde havia um saco contendo um travesseiro, um cobertor e um fone de ouvido. Os lugares obedecem à disposição de 2-4-2, ou seja, uma poltrona/janela, poltrona/corredor, corredor, quatro poltronas juntas, corredor, poltrona/corredor e poltrona/janela. Escolhi uma poltrona/corredor, pois fica próximo da janela e não preciso pedir licença para ninguém no meio da noite caso necessite ir ao banheiro.

Acomodei minha bagagem no compartimento e imediatamente coloquei os fones de ouvido para conferir as atrações do visor que fica na frente da poltrona. Músicas, séries americanas, desenhos para as crianças e filmes! As opções eram muito interessantes, divididas por categorias, como comédia, ação e drama. Antes de o avião partir, eu já estava assistindo ao início de um bom filme que não havia conseguido ver no cinema. Há várias opções de idiomas, inclusive o português.

Enquanto deitava a poltrona (a classe econômica tem um bom espaço para as pernas), o filme parou por alguns minutos para dar início às imagens com informações de segurança para os passageiros. Finalizada essa etapa, o filme voltou no momento da pausa. Então ouvi os primeiros avisos do chefe da cabine, que foram feitos em alemão, inglês e português, com uma educação impecável.

Sinto dois momentos de tensão em uma viagem de avião: a decolagem e a aterrissagem. Acredito que isso não acontece só comigo, mas com todos que estão na aeronave. É visível no rosto e nas ações das pessoas. E o frio na barriga quando as rodas deixam o solo, com aquele leve impacto no estômago e a pressão nos ouvidos?! O mais incrível de tudo isso é que, quando você está nas nuvens – literalmente –, esquece completamente que está a quilômetros do chão. Melhor assim...

Logo após a decolagem e o sinal de destravar os cintos aparecer no visor, os comissários iniciaram o serviço de bordo, oferecendo bebidas e salgadinhos. Cerveja, vinho, sucos de vários sabores e refrigerantes. As opções nem se comparam com as das companhias brasileiras, que só oferecem água, suco e refrigerante quente de garrafa de 2 litros. Pedi vinho, abri meu chocolate Milka e continuei assistindo ao filme, que estava ótimo. Fiz uma equação mental: bebida preferida + chocolate preferido + filme + completamente relaxado na poltrona + indo para Paris = um ser humano explodindo de felicidade!

Depois de duas horas de voo, os comissários entregaram, com uma pinça, uma toalhinha quente e úmida para os passageiros higienizarem as mãos (uma ação que contou pontos para a companhia), pois estava na hora de servir o jantar. Entre as opções, escolhi uma massa, acompanhada de uma salada, um minipão francês e pudim de leite como sobremesa. As opções de bebidas eram as mesmas oferecidas após a decolagem. Apesar de ser “comida de avião”, estava muito gostosa, no ponto certo de tempero e em uma temperatura ótima: bem quente.

Após recolher tudo e oferecer água e café, os comissários diminuíram as luzes, momento perfeito para abrir meu chocolate novamente e assistir a mais um filme. Para esticar as pernas, fui até o espaço reservado para os passageiros no final da aeronave. Para quem gosta de um lanche noturno, esse é o local em que é possível solicitar, durante toda a noite, água, suco, refrigerante e salgadinho. Conversei com uma das comissárias, que era brasileira. Comentamos sobre minha viagem, o que ela conhecia de Paris, de outras cidades da França e o que eu não poderia deixar de ver. Uma pessoa extremamente agradável e sorridente. Ressalto novamente a educação, simpatia e gentileza dos comissários da Lufthansa.

Antes de dormir, observei aquele pequeno avião no mapa, traçando a sua rota em direção ao destino final. Faltavam algumas horas para a aterrissagem. Mesmo cansado, o sono demorou a chegar. A ansiedade foi minha companheira por algum tempo e “conversamos” muito sobre minha excitação em conhecer a França, o que iria encontrar, as emoções que estavam por vir.

GASTO

Chocolate Milka Choko-Swing: 8,50 dólares

1º DIA - CONEXÃO E CHEGADA A PARIS

Acordei com o barulho de pessoas levantando e caminhando apressadas pelo corredor do avião. Tenho uma particularidade invejada por muitos: quando durmo, tenho horas ininterruptas de sono, inclusive em viagens. Não acordei nenhuma vez durante a noite e, quando olhei novamente a rota do avião, faltava pouco tempo para chegar a Munique, na Alemanha, a cidade em que faria a conexão.

Os passageiros estavam acordando, indo em direção ao banheiro ou apenas esticando as pernas. Os comissários entregaram mais uma toalhinha para limpar as mãos e o café da manhã foi servido: leite, café, pão, geleia, iogurte, omelete e queijo. Uma excelente refeição matinal. Geralmente fico apreensivo em tomar café preto em avião, mas não me arrependi. Estava uma delícia!

Preparativos para aterrissagem: lixo recolhido, cinto afivelado, cadeira em posição vertical e frio na barriga novamente. O pouso foi rápido. Acredito que a oração e as duas vezes em que o passageiro ao meu lado fez o sinal da cruz ajudaram. Quem já viajou de avião sabe o que acontece quando ele pousa e estaciona. Todos querem levantar ao mesmo tempo e pegar sua bagagem do compartimento. Sempre aguardo toda a bagunça terminar, mas dessa vez não poderia esperar. Faltava apenas uma hora para o meu próximo avião decolar e eu não conhecia o tamanho nem a logística do aeroporto de Munique.

Ao sair do avião, seguindo pelo corredor em direção às conexões, um homem e uma mulher, com distintivos da polícia, me pararam. Solicitaram o meu passaporte. Entreguei e respondi aos dois questionamentos: O que você veio fazer? Turismo. Quantos dias você vai ficar? 35 dias. Respondi olhando nos olhos do policial, com frases curtas e objetivas, mas sem arrogância. Entregaram meu passaporte e me desejaram boa viagem. Da próxima vez, antes de sair do avião, vou ao banheiro pentear os cabelos e lavar o rosto. Assim, não fico com aparência de insano e, quem sabe, não sou escolhido novamente pelos policiais.

Apressei o passo. Faltavam poucos minutos e eu precisava passar pela imigração e descobrir onde era o portão de embarque. Corri pelos corredores brancos, cinza e gélidos do aeroporto. Passei pela imigração – sempre fico apreensivo, apesar de ser extremamente organizado e ficar com todos os documentos em mãos – e a atendente não fez nenhuma pergunta, apenas pegou meu passaporte, carimbou e devolveu. Não ouvi nem uma palavra. Continuei rápido, com o alívio da primeira etapa concluída.

>>>*Mantenha a calma durante os procedimentos na imigração. Seja educado e responda às perguntas de forma clara e direta. Deixe todos os documentos preparados: reservas de hotéis, passagens, cartões de crédito e dinheiro em espécie (moeda do país). E nunca, em hipótese alguma, faça alguma brincadeira para ser simpático. Há vários casos em que turistas foram barrados por causa de alguma piada ou frase de duplo sentido.*

Cheguei ao raio X e comecei a ficar tenso. A fila era enorme, mas estava fluindo rapidamente. Quando faltava apenas uma pessoa, a fila parou. A senhora que estava na minha frente precisou tirar quase tudo para poder entrar. Tirou o cinto, passou, o apito soou. Ela voltou, tirou o sapato, passou, o apito soou novamente... Mais duas tentativas e nada. Na terceira ela conseguiu. Quando chegou minha vez, não hesitei: tirei o tênis, o cinto, a carteira, o celular e a jaqueta. Entrei apenas de calça, cueca, camiseta e meia. Passei na primeira!

Apanhei tudo rapidamente e saí andando de meia pelos corredores. Escutei e li várias histórias de pessoas que não conseguiram embarcar na conexão e tiveram muito trabalho para resolver a situação. Segui a sinalização e encontrei rapidamente o portão de embarque. Aliviado, sentei em uma cadeira para calçar o tênis e colocar o cinto novamente. Fui observado por uma moça loira muito bonita, sentada na minha frente, que deu um sorriso e abaixou a cabeça, voltando para sua leitura.

Depois de um grande suspiro, a tensão passou e percebi que estava na Alemanha! O aeroporto é grande, extremamente limpo e organizado. Realmente o conceito de "padrão alemão" merece o *status* que tem. Não há Wi-Fi gratuito no aeroporto, mas você pode entrar na página principal do aeroporto e se cadastrar, ganhando quinze minutos de acesso à internet. Foi tempo suficiente para avisar minha família e os amigos que a viagem havia transcorrido muito bem.

Hora do embarque – entreguei a terceira e última passagem. A viagem foi mais rápida do que imaginei. De repente, ouvi o comandante falando – em um inglês com sotaque muito carregado – que se iniciavam os preparativos para descer no **Aeroporto Charles de Gaulle**.

>>> ***Aeroporto Charles de Gaulle - CDG*** *- www.aeroportsdeparis.fr. Também conhecido como Aeroporto Roissy, o Aeroporto Internacional Charles de Gaulle está localizado a 30 km a nordeste de Paris e tem três grandes complexos de terminais conectados com o metrô: Terminal 1, Terminal 2 e Terminal 3. O nome é uma homenagem ao general, político e estadista francês Charles de Gaulle, nascido em Lille no dia 22 de novembro de 1890. Ele lançou o movimento de resistência França Livre durante a Segunda Guerra Mundial e fundou a Quinta República Francesa, sendo o seu primeiro presidente. Faleceu em Colombey-les-Deux-Églises, em 9 de novembro de 1970.*

Respirei fundo quando desci as escadas e coloquei o pé em solo francês. Nenhum problema em todo o percurso. Parei alguns minutos e olhei pelas janelas do aeroporto. Eu estava na França! Demorou algum tempo para eu ter consciência de que havia chegado ao lugar com o qual sonhava desde a infância. Meu corpo estava no aeroporto francês, mas minha mente ainda estava viajando. Interrompi os pensamentos e comecei a me apressar. Precisava conferir se minha mala havia chegado comigo ou tinha ido para algum outro país.

Saudações aos turistas

O aeroporto tem uma excelente sinalização. Não há como errar. As placas, em francês e inglês, estão por todos os lugares, indicando onde retirar as bagagens, onde se localizam os *toilettes*... e, ao perceber o tamanho do lugar, com seus três terminais, você agradecerá por todas elas.

Placa de sinalização – Aeroporto Charles de Gaulle

Fiquei ao lado da esteira aguardando a mala. As primeiras bagagens começaram a aparecer e todos se aglomeraram para identificar e retirar sua bagagem. O rapaz que estava ao meu lado pegou duas enormes. A senhora que estava na minha frente também. A família de quatro pessoas que estava próxima conseguiu pegar as quatro malas de uma vez. E a minha? Foi a penúltima a aparecer. Ao pegá-la, agradeci por estar comigo.

Aproveitei para sentar e guardar o casaco e a mochila. O céu estava nublado, mas o calor era intenso. Foi nesse instante que notei: o local estava vazio. Imaginei que estaria lotado de turistas, pois era período de férias. Uma ou outra pessoa andava pelos grandes corredores. Para não errar o trajeto, conferi minhas anotações de como chegar ao hotel.

Informações sobre transportes

Ao efetuar a reserva em um hotel, faça sempre a simulação do trajeto aeroporto/hotel através de sites como o ***Google Maps*** *– www.google.com.br – e leve impresso o mapa do percurso. Para garantir, mande um e-mail para a equipe do hotel solicitando informações de como chegar. Na maioria das vezes, eles informam um trajeto mais fácil através de trem, ônibus, táxi ou até mesmo a pé.*

Antes de partir para o centro de Paris, procurei o **Posto de Informações Turísticas** do aeroporto. Para economizar tempo e dinheiro, precisava adquirir no local o passe do RER B, o Paris Museum Pass e o carnê com dez passes de metrô.

>>> ***RER B:*** *é o trem metropolitano que liga o aeroporto ao centro da cidade. É o preferido dos turistas, por ser econômico e prático. A viagem é um pouco mais longa, mas compensa, pois você pode fazer conexão com as linhas de metrô. Veja no mapa a estação próxima do seu hotel e faça o trajeto. Mapa dos trens e metrô de Paris: www.ratp.fr – clique em Plan interactif. Preço do bilhete do RER B: 9,50 euros.*

>>> ***Paris Museum Pass*** *– www.parismuseumpass.com: é um cartão turístico de Paris com validade de 2 dias (39 euros), 4 dias (54 euros) e 6 dias (69 euros). Com ele você poderá entrar na maioria dos museus da cidade (37 atrações) e em algumas atrações nos arredores (21 atrações). O Museu do Louvre, Museu d'Orsay, Museu Rodin e o Centro Pompidou estão na lista. E o melhor: em algumas atrações você poderá entrar sem precisar enfrentar as filas gigantescas. Como funciona? No verso*

do passe há um espaço para escrever o seu nome e a data do primeiro dia de utilização. Lembre-se: escreva a data quando realmente utilizar – de preferência pela manhã –, pois a validade do passe começará a contar a partir desse dia. No site há um mapa com todas as atrações e uma lista dos lugares onde você poderá comprá-lo. Uma dica: antes de adquirir o passe, analise se realmente compensa para a sua viagem. Some o valor das entradas das atrações que irá visitar e compare com o valor do passe.

>>> ***Carnê de passes do metrô:*** *o preço unitário de um passe de metrô em Paris é de 1,70 euro. O carnê com dez passes custa 13,30 euros, uma economia de 3,70 euros.*

Balcão de informações turísticas do Aeroporto Charles de Gaulle

Meu primeiro contato com um francês: a atendente do posto. Eu disse um eufórico "Bonjour!". Ela respondeu discretamente e já iniciou a conversa em inglês. Solicitei os três itens. Muito educada e objetiva, informou que o estoque do Paris Museum Pass havia terminado e estava disponível somente em outro posto, próximo ao Museu do Louvre (perto da estação de metrô Pyramides). Entregou o meu bilhete do RER B e um maço com os dez bilhetes de metrô. Total de 22,80 euros.

>>> *Na França não é questão de educação dizer* bonjour *(durante o dia) e* bonsoir *(a partir do final da tarde) ao se dirigir a alguém. É regra nacional! Ao entrar em uma loja, por exemplo, você vai escutar o vendedor – mesmo atendendo outra pessoa – falar alto:* bonjour! *Geralmente, quando eles percebem que é turista, automaticamente começam a falar em inglês. Se isso não acontecer e a pessoa continuar a falar em francês, fale educadamente:* Parlez-vous anglais? *(você fala inglês?). O inglês da maioria dos franceses é básico, e, se você frequentou as aulas corretamente, vai conseguir atingir seu objetivo (comprar algo ou pedir informações). Se a resposta for não (lembre-se, eles não têm a obrigação de falar outra língua), tente outras formas. Um vendedor, que não falava inglês, conversou comigo através de um aplicativo de tradução no seu celular. Mesmo assim, você deve aprender as palavras básicas, como sim* (oui), *não* (non), *por favor* (s'il vous plaît), *com licença* (excusez-moi), *obrigado* (merci) *e outras que julgar necessárias. É uma forma de mostrar respeito e consideração aos habitantes e à cultura do país.*

Para chegar aos trens que levam ao centro de Paris, siga as placas onde se lê "*Paris par train - Paris by train*", juntamente com o símbolo do RER B. A "trilha de setas" levará à estação de metrô que conecta os terminais. Desci no Terminal 1, entrei no metrô e em poucos minutos estava na estação Terminal 3 – Roissypole (saída do RER B).

Placa indicativa: Paris par train/Paris by train

Chegando ao Terminal 3, encontrei um grande espaço todo de concreto, com várias máquinas de venda de bilhetes (mais uma opção para comprar). Fui em direção à catraca e inseri o bilhete (que é igual ao do metrô). A máquina fará a autenticação e o devolverá. Importante: guarde-o até o fim da sua viagem.

Máquinas de autoatendimento para venda de bilhetes

>>> *Durante minha estada em Paris, presenciei duas vezes os controladores pararem os passageiros nos corredores do metrô para verificar o bilhete. Não vi nenhum caso de pessoas sem bilhete, mas através de pesquisas descobri que, se você não estiver com ele, receberá uma multa de um valor não muito agradável (35 euros – pagamento com cartão de crédito no local).*

Telas informavam os horários das próximas saídas do RER para Paris. Olhei ao redor e mais uma vez fiquei intrigado com a pequena quantidade de pessoas. Mesmo assim, foi interessante observá-las conversando. Não entendo francês (excluindo as palavras e frases que eu chamo de "kit de sobrevivência"), ou seja, escutá-las falando era como tentar desvendar os grandes mistérios do universo. Enquanto prestava atenção em um senhor que gesticulava muito, o RER chegou.

>>> *As portas do RER não abrem automaticamente. Deve-se apertar um botão metálico, ou de borracha, situado entre as duas portas, com a expressão "pour ouvrir appuyer" (pressione para abrir). Isso é válido tanto para entrar quanto para sair. No metrô há o botão, ou uma pequena alavanca, mas os mais modernos abrem automaticamente.*

Quando me acomodei em um banco, relaxei – foi o primeiro momento tranquilo desde que desci do avião. Até encontrar o RER o nervosismo era crescente, reflexo do desejo de que tudo saísse conforme planejado. Ao som leve e soporífero do trem, comecei a observar os passageiros: uma senhora, de cabelos brancos, usando uma blusa de tricô naquele calor, comia um sanduíche; uma negra lindíssima, com um turbante colorido e grandes brincos metálicos, lia um livro... Tentei ver o título, mas ela percebeu e virei o rosto, envergonhado. Ah, os franceses! Mal sabia que iria me apaixonar por eles.

Em meia hora de viagem, cheguei à primeira grande estação de Paris que faz conexão com o metrô: **Gare du Nord**. A partir desse ponto, comecei a observar as estações: Châtelet – Les Halles, Saint Michel – Notre-Dame, Luxembourg e o meu destino: Port-Royal.

Estação Port-Royal

>>> *As Gares são as estações ferroviárias de Paris de onde partem os trens para cidades da França e outros países da Europa. São elas: Gare de l'Est; Gare de Lyon; Gare de Montparnasse; Gare du Nord; Gare de Saint-Lazare; Gare d'Austerlitz e Gare de Bercy. Todas são servidas pelo metrô.*

Abri a porta da estação com a mala e visualizei uma rua "normal", sem nada de especial. Procurei, durante o trajeto, algo que me impactasse para ter a certeza de que estava em Paris... Não encontrei. Com ajuda do mapa impresso e das instruções que recebi por e-mail, segui em direção ao hotel. As informações estavam corretas: em dez minutos de caminhada cheguei ao **Port-Royal-Hôtel** – www.hotelportroyal.fr.

Uma das famosas placas de rua parisienses

Já estava familiarizado com todos os estabelecimentos ao redor do local graças aos sites de mapas interativos da internet: em frente, atravessando a rua, há um mercado; na esquina, um McDonald's que funciona até tarde da noite; uma quadra à frente, chega-se à estação de metrô Les Gobelins; próximo, uma *boulangerie* simples, mas com produtos deliciosos, principalmente para o café da manhã; e o melhor: fica perto das atrações turísticas.

O hotel é simples, mas observa-se a preocupação com os detalhes e a limpeza. O recepcionista, ao me ver, iniciou a conversa em inglês. Muito simpático, informou que meus amigos haviam estado no hotel à minha procura (Gisele e Antônio, que moram em Roma/Itália) e que voltariam mais tarde. Entregou minhas chaves e subi de elevador para o segundo andar. Na maioria das vezes, fico apreensivo quando abro a porta do quarto reservado. Nunca se sabe se será um sonho ou um pesadelo. Nesse caso, a apreensão não existiu, pois avaliei o hotel desde a entrada e imaginei que todo o resto seguiria o mesmo padrão.

Virei a chave e abri a porta lentamente: a janela da sacada estava aberta, cortinas brancas voavam com o vento, uma cama de casal com lençol de um branco reluzente no centro, um lavatório (pia, espelho e bidê) no canto, um guarda-roupas ao estilo *As Crônicas de Nárnia – O Leão, a Feiticeira e o Guarda-Roupa* no lado oposto, uma mesa com cadeira e quatro balinhas em cima da cama.

Deixei a bagagem no chão e me joguei na cama. Senti um alívio muito grande ao ver que a minha "casa" durante doze dias era aconchegante, apresentável e limpa. Faltava ver o banheiro e o local para tomar banho. No hotel havia quartos com banheiro e chuveiro, mas por um preço acima do que planejara (89 euros a diária). Optei por um quarto simples, com banheiro e casa de banho compartilhados (58 euros a diária). Os dois locais ficavam no mesmo andar. O banheiro era impecavelmente limpo e a casa de banho tinha uma particularidade: para o chuveiro funcionar é necessário colocar uma moeda (à venda na recepção por 2,50 euros) em uma pequena caixa metálica. Nunca havia visto algo parecido. Fui à recepção e comprei uma moeda. Depois de uma viagem longa e cansativa, nada melhor do que um banho com água quente e abundante para recuperar as energias.

Não esperei o elevador e desci as escadas apressado. Aquela sensação de "eu não posso perder um minuto" já estava latente. Quando saí do hotel, a Gisele e o Antônio estavam atravessando a rua. É muito bom reencontrar pessoas que são importantes em sua vida. O abraço é demorado, apertado, gostoso. Não os via desde minha viagem para a Itália, em julho de 2011.

Após uma conversa rápida, decidimos ir ao Museu do Louvre. No dia em que chego à primeira cidade da minha viagem, não insiro nada no roteiro. Prefiro descansar, explorar a região do hotel e começar a me localizar. Havia programado o Museu do Louvre para o sexto dia, porém, eles partiriam no dia seguinte e a Gisele não conhecia o museu. A mudança no roteiro foi muito interessante: como o Louvre é imenso, poderia visitá-lo duas vezes. Com o Paris Museum Pass, poderia entrar e sair do local quantas vezes quisesse. Decidido o itinerário, seguimos para a estação de metrô **Les Gobelins**.

Por coincidência, a estação Pyramides ficava na região do Museu do Louvre. Eu ainda precisava comprar o Paris Museum Pass. Descemos e, conforme a atendente do posto do aeroporto havia mencionado, o Posto de Informações Turísticas era bem próximo. O valor do passe para seis dias é de 69 euros. Paguei 70,50 euros, 1,50 a mais. A explicação: uma "taxa de processamento". Aproveitei a oportunidade e conferi as atrações e eventos que estavam acontecendo na cidade.

Antes de seguir para o Louvre, precisava avisar minha mãe de que estava tudo bem. Enviei uma mensagem pela internet assim que cheguei, mas ela gosta de ouvir a voz dos filhos, como toda mãe. Passei em uma tabacaria e comprei um cartão para ligações internacionais. Preço: 7,50 euros. O Antônio me ensinou a fazer a ligação, seguindo as orientações no verso do cartão.

>>> *Os cartões para ligações internacionais são vendidos em tabacarias (geralmente elas têm uma placa vermelha, escrito em branco a palavra TABAC na vertical). Ligue para o número indicado no verso do cartão (geralmente com quatro dígitos). Uma mensagem automática irá solicitar o código secreto (raspe a parte indicada no cartão para obter o código). Após a digitação, aperte a tecla #. Outra mensagem irá solicitar o número que você deseja ligar. Após digitar o número, aperte a tecla # novamente (ligações para o Brasil: 0055 + código de área (sem o zero inicial) + número). As orientações podem variar de acordo com a operadora (confira no verso do cartão). Em vez do cartão, as tabacarias podem vender um tíquete impresso, em que já está visível o código secreto. Outro tipo de cartão é aquele com chip: é só inseri-lo direto no telefone público e digitar o número desejado.*

Descemos pela **Rue des Pyramides** (que une a Place des Pyramides e a Av. de l'Opéra) e viramos na **Rue de Rivoli**, uma das ruas mais famosas e valorizadas de Paris. Napoleão a batizou com esse nome em homenagem a sua vitória na Batalha de Rivoli, em 1797. E foi nesse ponto que a excitação começou a aumentar. Enquanto eu observava os edifícios neoclássicos intermináveis e suas arcadas de um lado, uma construção imensa e espetacular surgia do outro. Eu estava ao lado do **Museu do Louvre**!

>>> ***Museu do Louvre** – www.louvre.fr; segunda, quinta, sábado e domingo das 9h às 18h; quarta e sexta das 9h às 21h45; terça: fechado; preço: 12 euros (coleção permanente); para comprar o ingresso: internet (inclusa uma pequena*

taxa), nas máquinas de bilhetes (Tickets Musée), nas bilheterias do museu ou na Fnac; o ingresso vale para o dia todo; metrô: Palais Royal-Musée du Louvre; entrada permitida com o Paris Museum Pass. Um dos maiores e mais famosos museus do mundo, o Museu do Louvre está instalado no Palácio do Louvre, no centro de Paris, entre o Rio Sena e a Rue de Rivoli. Foi construído pelo rei Filipe Augusto para ser uma fortaleza para proteger a cidade de ataques. No século XVI, Francisco I o reconstruiu para ser usado como residência real e fundou o acervo real de arte. Durante a Revolução Francesa, em 1793, o acervo foi aberto ao público, surgindo o Museu Central das Artes. Napoleão também foi responsável pela beleza do complexo, realizando reformas no edifício. Desde 1988, a maioria dos visitantes entra no museu por uma pirâmide de vidro, projetada pelo arquiteto norte-americano de origem chinesa Ieoh Ming Pei, situada na praça central do Louvre, a Cour Napoléon. O museu é dividido em quatro áreas: Ala Denon, Ala Sully, Ala Richelieu e o Hall Napoléon – área pública abaixo da pirâmide, onde há lojas de souvenirs, *livraria, auditório, lanchonetes e uma sala de audiovisual. A área que se estende da pirâmide invertida ao Arc de Triomphe du Carrousel é chamada de Carrousel du Louvre, o shopping center subterrâneo, onde se encontra La Pyramide Inversée (a pirâmide invertida), também de autoria de Ieoh Ming Pei e um dos focos principais dos turistas para fotos.*

O espetacular e repleto de detalhes Museu do Louvre

Centenas de turistas que estavam na praça central se dividiam em dois grupos: o primeiro formava a enorme fila para entrar no museu, que não parava de crescer; o segundo grupo formava filas para subir nos quadrados de concreto em frente à pirâmide a fim de realizar um dos maiores clichês franceses: a icônica foto segurando a ponta da pirâmide. Confesso que faço todos os clichês turísticos. Não tenho nenhum problema em passar vergonha realizando ações como essa. Aliás, é muito divertido. Foram cinco fotos até acertar o enquadramento perfeito.

Alguns guias e sites mencionam que a entrada pelo **Arc de Triomphe du Carrousel** (localizado diante do Louvre, foi construído para celebrar as vitórias de Napoleão Bonaparte e seu exército em 1805) é mais tranquila que a entrada principal pela pirâmide. Verificando as duas, a mesma conclusão: lotadas. Caminhando em direção à fila, virei para admirar todo o complexo. Foi nesse momento que minha visão ficou estática: vislumbrei pela primeira vez a Torre Eiffel. Desde que cheguei, procurava a sensação real de que eu estava em Paris. Algo em que não acreditei, mesmo estando em frente ao Museu do Louvre. Ao ver a torre, sorri e a viagem se tornou concreta, com direito a frio na barriga e mãos tremendo. A partir desse momento, o símbolo máximo da cidade me acompanhou por todos os lugares que visitei.

A fila na entrada da pirâmide, por mais impressionante que possa parecer, foi extremamente rápida. O acesso para quem tem o Paris Museum Pass é diferente. Os portadores do passe são conduzidos para outra fila, identificada com um cartaz. Apesar de lembrar um grande formigueiro, tudo transcorria de forma organizada e rápida.

Museu do Louvre – um formigueiro de turistas

Antônio e Gisele compraram os ingressos na bilheteria e, antes de entrar em uma das galerias, fomos almoçar. Há algumas opções no shopping center subterrâneo. Encontramos uma loja de sanduíches e foi quando conheci a **Paul** – www.paul.fr –, uma padaria que vende sanduíches, tortas, *croissants* e vários outros produtos. Aproveitei uma promoção (10,45 euros): uma água, um sanduíche de frango na baguete e um *viennoise* de chocolate (pão com gotas de chocolate). O sanduíche é uma delícia: pão crocante por fora e muito macio por dentro. Detalhe: a Paul é como o McDonald's, tem filiais espalhadas por toda a França.

Satisfeitos, voltamos para a entrada principal, onde há um grande quiosque de informações, com guias impressos do museu disponíveis em diversos idiomas, inclusive em português. Antes de iniciar a sua jornada pelo Louvre, uma dica valiosa: programe sua visita e tenha em mente o que você quer ver no museu. Leia um resumo e analise mapas na internet. Marque as obras que mais interessam, pois aviso: você vai se perder, mesmo com o áudio-guia, mapas ou folhetos. Acredite em mim.

>>>*Audioguia: nos idiomas francês, inglês, alemão, espanhol, italiano e japonês, mas não disponível em português. Multimídia, possui função GPS, vídeos sobre as obras, explicações e informações sobre o museu, além de itinerários sugeridos. Os quiosques estão no início das alas. Você deve deixar um documento e entregar o aparelho no mesmo local, no fim da sua visita. Preço: 6 euros.*

Escolhemos a **Ala Denon** para iniciar o percurso por um motivo óbvio: reverenciar a rainha. No Louvre há mais de 30 mil obras de arte, a nobreza, mas em um reino o que mais atrai a atenção é a realeza. Nesse caso, temos uma rainha - *Mona Lisa*, de Leonardo da Vinci - e duas princesas - a *Vitória de Samotrácia* e a *Vênus de Milo*.

Em vários guias e livros, li que era um clichê descomunal visitar o Louvre e correr para ver a Mona Lisa. Um turista pode ler isso e se sentir envergonhado por entrar e andar pelas galerias para encontrar primeiro o quadro de Leonardo da Vinci. Uma opinião? A viagem é sua! Faça tudo que você sempre sonhou, com responsabilidade e respeitando as leis locais.

Informações sobre as alas do Louvre

Ao subir as escadas rolantes de uma ala, é preciso apresentar o ingresso (ou o seu cartão Paris Museum Pass). Não há fila, já que o processo é muito rápido. É um sobe e desce de pessoas interminável. É perceptível o grande tumulto a ser enfrentado, o que não tem a menor importância, pois, seguindo a direção da ala, de repente surge no alto das escadas a segunda princesa do Louvre: a **Vitória de Samotrácia**.

>>> ***Vitória de Samotrácia:*** *a figura alada da deusa grega Nike está em um local de destaque nas escadarias do museu, no primeiro andar da ala Denon. Afixada sobre uma base que representa a proa de um navio, a escultura foi descoberta em 1863 por Charles Champoiseau, na ilha de Samothrace, no Mar Egeu. A obra estava fragmentada*

e foi reconstruída no museu. Alguns anos depois, no mesmo local da descoberta, foi encontrada a proa que sustenta atualmente a escultura. A deusa é admirada principalmente pela leveza dos drapeados do seu vestido.

Vitória de Samotrácia, a deusa alada

É uma sensação muito prazerosa quando algo corresponde às suas expectativas. A escultura é exatamente nas proporções que imaginei quando vi fotos e gravuras em livros. A proa do navio em tom cinza desaparece diante da beleza das formas e da cor dourada da estátua.

Seguindo pelos corredores, uma avalanche de peças magníficas inunda seus olhos e uma das maiores é o próprio museu. Não deixe, enquanto segue observando as obras, de apreciar os detalhes do teto, das colunas e paredes do edifício. Juntamente com todos os itens, tudo se transforma em algo único, em uma harmonia perfeita.

Em vários lugares há placas indicativas do local em que se encontra a **Mona Lisa.** Seguimos os passos e o fluxo de pessoas. Observei algo parecido na Capela Sistina. Ninguém se importava com as outras peças do Museu do Vaticano, todos queriam ver as pinturas de Michelangelo. Uma procissão de reverência e louvor.

>>>***Mona Lisa*** *– (La Gioconda – em italiano; La Joconde – em francês): o quadro mais famoso do mundo é pequeno (77 cm x 53 cm) diante de todo o alvoroço que causa. Obra de Leonardo da Vinci, a pintura é rodeada de controvérsias, discussões e polêmicas sobre sua origem. Alguns dizem que a mulher retratada era Lisa Gherardini, esposa de Francesco del Giocondo, um comerciante de Florença. Outros afirmam que é um autorretrato do pintor. A sua fama mundial começou em 21 de agosto de 1911, quando foi roubada por um funcionário do museu. Dois anos depois, a obra foi encontrada na Itália. Motivo:*

o ladrão – Vincenzo Peruggia – acreditava que o quadro deveria voltar para o seu país. Desde então, a pintura foi retratada por diversos artistas, estampada em todo tipo de produto e tornou-se a rainha do Louvre.

Mona Lisa, a rainha do Louvre

De repente, você entra na sala do quadro mais famoso do mundo. Depois que passa um pouco o êxtase, quatro fatos saltam aos olhos: 1) Há uma parede somente para a pintura, com um vidro de segurança, um guarda exclusivo e, mesmo assim, deve-se manter uma distância considerável do quadro; 2) Em frente à Mona Lisa está exposto o magnífico – e de proporções gigantescas – *As bodas de Caná*, de Paolo Veronese. Ninguém lhe oferece a devida atenção; 3) Dezenas de pessoas se espremem para apreciar e tirar fotos do quadro. E não exagerei quando disse "dezenas"; 4) A pintura realmente é pequena, fator que não tira absolutamente nada do esplendor do quadro. Algumas pessoas saem decepcionadas com isso. Outra coisa: eu estava diante da Mona Lisa! Existe alguma razão para se decepcionar?

Continuamos pelos corredores das pinturas italianas. A lista com as principais obras que eu havia marcado para ver no primeiro andar da Ala Dcnon foi concluída. Descemos para o térreo da ala, onde estão alojadas as antiguidades etruscas e romanas e as esculturas italianas. *Psique reanimada pelo beijo do amor*, de Antonio Canova, e *O escravo moribundo*, de Michelangelo, eram meu principal objetivo. Duas esculturas de um primor incontestável na execução. A primeira, de Canova, é de uma leveza impressionante. Eros parece estar prestes a levantar voo levando a frágil Psique nos braços. Quanto à segunda, sou um pouco tendencioso. Sou fã confesso e ardoroso de Michelangelo e a estátua não condiz com o nome. O rapaz representado na escultura está entregue a um prazer sonolento e revela completamente o oposto da morte ou algo relacionado a ela.

O escravo moribundo, de Michelangelo

Passando pelas antiguidades etruscas e romanas novamente, observamos uma quantidade enorme de pessoas aglomeradas. Onde há multidão, há celebridade. Contornando de um lado e tentando passar no meio dos disparos dos *flashes* das câmeras fotográficas, chegamos à segunda princesa do Louvre: **a Vênus de Milo**.

>>>***Vênus de Milo:*** *foi descoberta em 1820, na Ilha de Milos, no Mar Egeu. Representa a deusa grega Afrodite – Vênus para os romanos. É constituída de várias partes,*

esculpidas separadamente, fixadas com pinos. Foi doada ao museu pelo rei Luís XVIII, que subiu ao trono francês em 1814. O paradeiro dos braços é um mistério. Acredita-se que a escultura foi encontrada sem eles. Há buracos na estátua, que foram pontos de fixação de joias, como brincos e bracelete. O manto pesado cai livremente e contrasta com a leveza da forma feminina.

Vênus de Milo

O contraste entre a delicadeza dos traços do corpo e a forma inacabada do tecido é um dos pontos principais da peça.

O restante do dia foi dedicado a uma das mais importantes coleções do museu: **a egípcia**, uma das mais completas do mundo fora do Egito, que ocupa um pequeno espaço do subsolo (antiguidades egípcias), uma parte do térreo (Egito faraônico, circuito temático) e o primeiro andar (Egito faraônico, circuito cronológico) da **Ala Sully**. É surpreendente a quantidade de obras, graças a Napoleão, que angariou grande parte delas no século XIX, quando invadiu o país.

O escriba sentado – escultura descoberta em 1850, em Saqqara – Egito

Depois de completar o roteiro do dia – eram quase 21h –, saímos do museu completamente exaustos. Não há a menor possibilidade de explicar tudo que vimos. Felizmente, com a lista que preparei para a visita ao Louvre, não perdemos muito tempo e conseguimos completar o roteiro. Uma pergunta que me fizeram: quanto tempo é necessário para fazer uma visita ao Museu do Louvre e sair satisfeito? Para ver as obras mais famosas: uma tarde; focando seus objetivos: um dia; uma visita mais calma, sem muito esforço: dois dias.

Seguimos pela **Av. de l'Opéra** - uma importante avenida que começa próximo ao Museu do Louvre e termina na Place de l'Opéra –, onde encontramos uma loja de biscoitos. A vitrine era muito convidativa. Comprei apenas um pirulito de caramelo de flor de sal, iguaria que fiquei ansioso para experimentar e confesso: fiquei apaixonado! Os caramelos são produzidos com manteiga cremosa, com uma pitada de flor de sal - sal extraído das camadas superiores das salinas. Preço: 1,24 euro. Mais alguns metros percorridos lentamente e chegamos ao **Palais Garnier**.

Palais Garnier – palco de óperas, concertos musicais e balés

>>> ***Palais Garnier*** *- www.operadeparis.fr - das 10h às 17h; preço: 10 euros. Uma das construções mais belas de Paris, o Palais foi construído pela ordem de Napoleão III, integrando o grande projeto de reconstrução da*

cidade – o projeto do Palais é do arquiteto Charles Garnier. Foi inaugurado em 5 de janeiro de 1875 e é aberto para visitação em seus espaços públicos.

Apesar da imensa beleza da cidade à noite, precisávamos fazer uma pausa para jantar. Encontramos vários restaurantes ao redor do Palais, inclusive alguns italianos. Escolhemos um muito agradável e com atendimento rápido, o que agradeci prontamente. Meu prato: hambúrguer à francesa com batatas fritas e um refrigerante. Preço: 11 euros.

Depois do jantar, combinei com meus amigos um encontro para o dia seguinte, próximo ao horário do almoço. No meu roteiro estava previsto visitar a Torre Eiffel e os arredores, que eles já haviam visto. Entrei na estação Opéra, peguei o metrô da linha rosa – nº 7 e desci na estação Les Gobelins em menos de quinze minutos. A exaustão já reinava e confesso que não lembro como cheguei ao hotel. Nesses momentos, agradeço pela escolha de um local próximo a uma estação de metrô. Só recordo que me joguei na cama e apaguei, completamente feliz.

>>>*Paris tem uma malha ferroviária fantástica. Pode-se ir de uma ponta da cidade a outra facilmente. Horário do metrô: das 5h30 à 1h. Às sextas e sábados, até as 2h. As linhas se distinguem com cores e números. Há duas opções para comprar os bilhetes: na bilheteria ou nas máquinas. É imprescindível ter um mapa do metrô para a sua localização e para fazer as conexões. Uma boa dica é baixar um aplicativo para celular, como o* ***Paris Metro****, em que se insere a estação de partida e a de destino e ele*

calcula a rota, as linhas e as conexões, com a visualização de onde se localizam no mapa. Excelente, prático e muito útil!

Estação de metrô Les Gobelins

GASTOS

Aeroporto – bilhete RER e 10 tíquetes de metrô: 22,80 euros
Cartão telefônico: 7,50 euros
Paris Museum Pass – 6 dias: 70,50 euros
Almoço: 10,45 euros
Pirulito de caramelo: 1,24 euro
Jantar: 11 euros
Banho: 2,50 euros
Diária do hotel: 58 euros
TOTAL: 183,99 euros

2º DIA - ROTEIRO 1 - TORRE EIFFEL

Acordei na mesma posição em que havia me deitado, prova irrefutável de que a exaustão era gigantesca. Não poderia ser diferente depois de uma viagem internacional, ansiedade elevada à potência mil e uma visita ao Museu do Louvre. Quando olhei o relógio e vi que eram apenas 8 horas da manhã, fiquei surpreso. Imaginei que dormiria muito mais. Tomei um bom banho e percebi que, desde que entrara no hotel, não havia encontrado nenhum hóspede. Sabia da informação de que o hotel estava lotado, mas a impressão era a de que só eu estava no local. Não vi nem escutei absolutamente nada. Ainda bem! Vesti uma roupa confortável, preparei a bolsa com uma garrafa de água, meu roteiro, câmera fotográfica e segui para a estação de metrô.

O Roteiro 1 – Torre Eiffel – estava planejado para o dia e abrangia as principais atrações turísticas da região escolhida: a Torre, o Museu Rodin, o Museu du Quai Branly, o Hôtel des Invalides, a Église Saint-Louis des Invalides, a Église du Dôme, a Chapelle Notre-Dame de La Médaille Miraculeuse (Capela Nossa Senhora da Medalha Milagrosa).

No McDonald's, comprei um café por 1 euro, passei na *boulangerie* (padaria especializada em pães) do outro lado da rua e comprei a famosa *éclair* (bomba) de chocolate por 2,30 euros. Muito mais vantajoso que os 6 euros que o hotel cobra pelo *petit déjeuner* (café da manhã). Prefiro fazer a primeira refeição do dia fora do hotel por dois motivos: 1) o preço sempre é mais em conta; 2) há opções diferentes, pois, geralmente, os hotéis oferecem os mesmos produtos todos os dias.

Entrei na estação, peguei o metrô da linha rosa – nº 7, fiz conexão na **Place d'Italie**, linha verde – nº 6 e desci na estação **Trocadéro**. Uma dica: ao visitar a Torre, escolha essa estação para chegar ao destino. Ao sair, a visão é magnífica, sem mencionar a emoção de ver o símbolo máximo de Paris em seu melhor ângulo.

Placa na estação de metrô indicando a direção da Torre Eiffel

>>>***Trocadéro***: *localizado no pico da colina de Chaillot, faz parte do local* ***O Palácio de Chaillot****, construído para a Exposição Universal de 1937, com dois pavilhões e duas alas curvilíneas; abriga a* ***Cité de l'Architecture et du Patrimoine*** *– www.citechaillot.fr – das 11h às 19h; fecha às terças; preço: 8 euros; dedicada à arquitetura nacional francesa, a* ***Esplanada do Trocadéro*** *também é conhecida como Praça das Liberdades e dos Direitos Humanos; os* ***Jardins do Trocadéro****, criados para a exposição de 1937,*

são muito apreciados pelos turistas, com sua **Fonte de Varsóvia** *e os diversos jatos d'água; e o* **Cinéaqua, um dos maiores aquários da Europa** *– www.cineaqua.com – todos os dias, das 10h às 19h; preço: 19,90 euros.*

Torre Eiffel – visão do Trocadéro

Eu me sentei nos degraus do Palais de Chaillot e fiquei observando toda a paisagem: as belas estátuas douradas brilhando com os raios de sol, a multidão emocionada fotografando a torre sem parar, as dezenas de jatos d'água da fonte. Não me importei com o tempo – naquele instante o relógio parou e meus pensamentos eram para cada momento que sonhei em admirar aquela imagem. Essa é uma das horas em que a frase "valeu cada centavo para estar aqui" surge em sua mente.

As estátuas douradas do Trocadéro

Pensativo, admirando a torre, escutei: "Márcio?!". Virei assustado, como se alguém me acordasse com um susto. "Você é o Márcio, do blog da França e da Itália, não é?". E foi assim que eu conheci a Marcelle e a Cristiane, duas turistas de Belém do Pará, que programaram sua viagem através dos meus blogs. Tiramos fotos e foi muito divertido ser reconhecido dessa forma. Muito simpáticas, agradeceram as dicas e informações e desejamos um ao outro uma excelente viagem.

Desci pelos Jardins do Trocadéro e cheguei à **Av. des Nations Unies**. Próximo há um carrossel e ali começou um "jogo de procura e acha" particular: em todas as cidades francesas pelas quais passei existe um carrossel e um dos meus desafios era encontrar o local do brinquedo. Aliás, inventei vários jogos particulares de viagem para diversão e conhecimento – passatempo de turista que viaja sozinho.

Carrossel próximo à Av. des Nations Unies

Atravessei a **Pont d'Iéna** e cheguei aos pés do maior ícone francês. Exatamente como idealizei: os ferros formam treliças com desenhos geométricos perfeitos. Sugiro visitá-la logo no primeiro dia por um motivo: ela vai acompanhá-lo por todos os lugares da cidade. Já cumprindo a "obrigação" no início, não lhe ocorrerá o pensamento: "ainda não fui vê-la..." E, tenha certeza, a imagem cobra a sua visita!

Sobre isso há algo interessante: em cada local de Paris a torre é sempre diferente. Quando você está longe, ela é escura e pequena. De perto, é gigantesca, com a característica cor cobre resplandecente e, vista do alto de um monumento, é cinza, combinando com o céu nublado e as outras construções. Outro "jogo particular": procurar a torre pela cidade. Torna-se um ponto de referência muito importante e uma lembrança perfeita de estar em Paris.

>>>***Torre Eiffel*** *– www.eiffel-tower.com; preço do ingresso para o último andar (elevador): 14,50 euros; para o segundo andar (elevador): 8,50 euros; horários: consulte o site em português; não aceita o Paris Museum Pass. O maior símbolo da Cidade Luz foi construído por Gustave Eiffel para ser apenas uma instalação temporária, em comemoração ao centenário da Revolução Francesa na Exposição Universal de 1889. Muitos foram contra o projeto, o que quase culminou com sua destruição em 1909. Permaneceu, pois provou ser um excelente local para antenas de transmissão de rádio. A torre tem 324 metros de altura, incluindo as antenas e os três níveis, todos abertos ao público. Para chegar ao segundo andar, pode-se utilizar os elevadores nos pilares leste, oeste e norte, ou subir as escadas no pilar sul. Há restaurantes,*

lojas, lanchonetes e várias outras atrações. Em 1985, a torre ganhou durante a noite uma iluminação amarelo-laranja, graças aos 336 projetores, e, desde o fim do ano 2000, nos cinco primeiros minutos de cada hora, 20.000 lâmpadas piscam sem parar, resultando em um efeito deslumbrante. Dica importante: compre seu ingresso antecipadamente pelo site para evitar as filas gigantescas.

Depois de ver as filas descomunais, agradeci mentalmente a compra do ingresso pela internet. Solicitei informações para um atendente sobre como proceder com o ingresso impresso. Simples: era só chegar dez minutos antes do horário agendado e entrar na fila do elevador. Meu horário: 19h30. Melhor se informar antes para não cometer nenhum erro e perder a visita. Retornei e segui pela **Rue Q Branly** para o segundo objetivo da manhã: o **Musée du Quai Branly**.

Obras africanas do Musée du Quai Branly

>>> ***Musée du Quai Branly*** *– www.quaibranly.fr; terça, quarta e domingo das 11h às 19h; quinta, sexta e sábado das 11h às 21h; preço: 8,50 euros; aceita o Paris Museum Pass – um museu diferente e impressionante, que apresenta a cultura da África, das Américas, Ásia e Oceania.*

Sou fascinado pela cultura africana e fiquei completamente encantado pelo museu. São máscaras, estátuas, totens e armas que mostram a riqueza da história de outros continentes. Peças do Vietnã, Java, Papua-Nova Guiné, Equador, Mali, Alasca, Madagascar e Brasil, em uma explosão de cores e iluminação muito bem planejadas. No quinto andar do museu há o restaurante **Les Ombres**, com uma linda vista de suas janelas, mas aviso: conferi o cardápio exposto na entrada e os preços são altos.

Totens do museu

Ao sair do museu, retornei pelo mesmo caminho, passei pela torre novamente e cheguei ao **Parc Champ de Mars**, onde os parisienses e turistas fazem piquenique, conversam ou jogam cartas no gramado. Caminhando em direção à **École Militaire**, encontrei o **Muro da Paz**, um monumento de concreto, metal e vidro, que foi construído para ser temporário (assim como a torre) e, depois de muita discussão, permaneceu no local. No conjunto há painéis em que se lê a palavra "paz" em diversos idiomas. Continuei pela **Av. de La Motte-Picquet**, chegando à **Av. de Tourville**, local em que está a **Église du Dôme**, meu objetivo. A cúpula dourada da igreja é impressionante – ela pode ser vista de vários pontos da cidade.

Église du Dôme

Em 1840, a igreja recebeu os restos mortais de Napoleão, acondicionados em seis caixões, um dentro do outro. O sarcófago ocupa um local privilegiado e central da igreja, uma sala circular com estátuas e inscrições dedicadas às conquistas napoleônicas. O teto da cúpula é suntuoso – não deixe de apreciar o baldaquino.

Tumba de Napoleão

A área é imensa e inclui a Église du Dôme, a **Église Saint-Louis des Invalides**, **Hôtel des Invalides** e o **Musée de l'Armée** – Museu do Exército – www.invalides.org; das 10h às 18h, preço: 9,50 euros – local em que há uma grande coleção de armas, armaduras e uniformes de guerra da história militar francesa. O tema não me atrai, por isso não visitei o museu. Prefiro preservar meu tempo e gastá-lo com locais que realmente quero ver e não seguir o protocolo de ir a um local por obrigação.

Segui em direção à estação de metrô **Varenne**, onde encontraria a Gisele e o Antônio, que não demoraram a chegar. Encontramos um local muito agradável para almoçar, o **Le Café du Musée**, na esquina do Boulevard des Invalides com a Rue de Varenne. Pedi uma salada *parisienne* (presunto, alface, tomate, ovos, torradas) e um suco. O dia estava muito quente e optei por algo mais leve. Preço do almoço: 12 euros a salada e 4,50 euros o suco. Total: 16,50 euros. Após o almoço eles seguiram para outra parte da cidade e eu para o **Museu Rodin**, quase ao lado do café.

>>>***Museu Rodin*** *– www.musee-rodin.fr; terça a domingo das 10h às 17h45; preço: 9 euros; aceita o Paris Museum Pass. Um dos locais mais charmosos de Paris, o Museu Rodin é perfeito para relaxar e apreciar as diversas esculturas do artista Auguste Rodin espalhadas pelos jardins. Destaque para as obras* ***O Pensador*** *e* ***A Porta do Inferno****. No château do século XVIII há um acervo grandioso, com esculturas de cera, bronze e mármore, além de pinturas e outras peças do artista.*

Não poderia escolher local melhor para passear calmamente, sentar e apreciar trabalhos artísticos fenomenais. Os bem cuidados jardins do museu completam as obras. As folhas das árvores servem de pano de fundo para observar mais atentamente os detalhes das esculturas. **O Pensador**, uma das obras mais admiradas, ocupa um lugar de destaque, rodeado de roseiras, com flores de diversas cores.

O Pensador, de Rodin

No interior do museu há bustos de bronze e outras obras que merecem atenção especial. Uma pintura chamou minha atenção: **Portrait of Père Tanguy**, de Vincent van Gogh, de 1887. Por alguns momentos esqueci completamente as esculturas e observei o quadro. Van Gogh é um dos meus pintores favoritos: como passar ao lado de uma obra do artista e não admirar? Pedi desculpas a Rodin.

Jardins do Museu Rodin

Terminada a visita, caminhei pela **Rue de Varenne** e virei à direita, na **Rue du Bac**. Primeiro objetivo: conhecer **La Pâtisserie des Rêves** (www.lapatisseriedesreves.com), dica de uma amiga. O local é pequeno, mas requintado. Os doces são de arregalar os olhos e fazem a boca salivar. Uma galeria de obras de arte da confeitaria. Coloque o nome da *pâtisserie* no Google e clique nas imagens para ver as delícias. Fechei os olhos, enfrentei a fila (o local é famoso e os atendentes são disputados) e pedi apenas um legítimo brioche francês. Preço: 2,70 euros.

Continuei pela Rue du Bac para o segundo objetivo: conhecer a **Capela da Nossa Senhora da Medalha Milagrosa**. Para os religiosos, a capela virou ponto de peregrinação. A capela é bem simples e, se você não prestar atenção, vai passar por ela e nem vai perceber. O interessante é que os turistas não entram para tirar fotos ou visitar, mas sim para rezar. Há uma espiritualidade serena no silêncio que reina absoluto. Um local de fé e paz!

>>> ***Chapelle Notre-Dame de la Médaille Miraculeuse*** *– www.chapellenotredamedelamedaillemiraculeuse.com; das 7h45 às 13h e das 14h30 às 19h. A beata Cathérine Labouré afirmou que a Virgem Maria apareceu para ela na capela e mostrou uma medalha, símbolo da fé cristã. Durante a disseminação da peste, em 1932, milhares de medalhas foram distribuídas aos doentes, que foram curados rapidamente, ajudando a difundir o milagre. A partir daí os parisienses começaram a chamar a medalha de milagrosa.*

Ao lado da capela há uma loja que vende a "medalha milagrosa" em diversos tamanhos e preços. Como prometido a minha mãe, comprei uma de presente. Ao pagar, iniciei uma conversa muito prazerosa com a freira que atendia no caixa, uma senhora de óculos, de armação enorme preta, que contrastava com o cabelo extremamente branco. Sabe aquele tipo de idosa que dá vontade de levar pra casa e ficar no colo? Encontrei um exemplar perfeito.

Uma das grandes lojas de departamentos de Paris, **Le Bon Marché,** fica ao lado da capela, na **Rue de Sèrvres** – www.lebonmarche.com. Seis verbos resumem minha experiência no local: entrei, andei, olhei, me assustei e saí correndo. Completamente fora da minha realidade econômica. Os preços eram astronômicos. Detalhe: a loja estava em promoção. Se aqueles preços eram mais baixos, não faço questão de imaginar o valor normal.

Uma decepção e, logo em seguida, uma surpresa: encontrei **La Grande Epicerie de Paris** – www.lagrandeepicerie.com – também na Rue de Sèrvres, que nominei como um grande templo da gastronomia e produtos culinários. Andei entre as prateleiras observando todos os potes, bisnagas e pacotes que estavam ao alcance dos olhos e das mãos. Voltei a ser uma criança em uma loja de brinquedos. São tantas opções novas e diferentes que a dúvida do que levar ou provar é grande. Para incrementar meu lanche, comprei quatro macarons (2,42 euros), um *croissant* de amêndoas (1,70 euro), uma água com gás (0,80 euro) e um suco de uva (1,30 euro). Total: 6,22 euros.

La Grande Epicerie de Paris

Faltava pouco para as 18 horas e era necessário me apressar para aguardar a subida à torre. Segui pela Rue de Sèrvres, virei na Av. de Villars e cheguei novamente à Église du Dôme. Caminhei até o Parc du Champ de Mars e deitei no gramado. Poderia descansar durante um período e aproveitei para fazer um piquenique com todos os produtos deliciosamente franceses que havia comprado, enquanto desenhava a torre em meu caderno de anotações. Ainda sinto o sabor fenomenal daquele *croissant* de amêndoas. Ah, que aroma...

Admirando a torre

Na hora marcada, fui em direção à fila que o atendente havia mostrado anteriormente. As filas para comprar o ingresso tinham aumentado absurdamente. Perguntei para um guarda sobre o tempo de espera para comprar o ingresso. "Três horas", ele respondeu. Mais uma vez, dei um leve sorriso de agradecimento por existir internet e poupar horas da minha vida. Mostrei o bilhete impresso para o rapaz uniformizado e segui em direção à entrada, atrás de um grupo de chineses. O elevador abriu e todos entraram. É admirável a educação dos orientais: ao entrar, eles se posicionaram de maneira que todos ficassem confortáveis no elevador.

Na subida, é impossível não ficar atento aos emaranhados de ferro da torre. O elevador sobe devagar, um excelente fator para observar a vista que inicia um processo de miniaturização. Passei pelo primeiro andar e não demorou muito para chegar ao segundo.

Visão do Champ de Mars do segundo andar da torre

O segundo andar tem dois níveis, com loja de *souvenirs*, lanchonete e outros produtos que encantam os turistas. Mesmo sendo um dia quente, ventava muito e o ar era gelado. Para os friorentos, não se esqueçam de levar uma blusa. Havia um alvoroço no elevador para o terceiro andar. Algumas pessoas têm o prazer mórbido de empurrar as outras sem motivo. Depois de uma batalha épica, consegui entrar e subir. Quando saí, tive a sensação de estar em uma lata de sardinha: o espaço é menor e os visitantes se acotovelavam para encontrar um local que proporcionasse boa visão. Acreditei no ditado que diz "quem espera sempre alcança" e alcancei: uma moça loira, falando alto em alemão, saiu de um lugar muito bem posicionado e foi onde eu praticamente me joguei para ficar.

Vista da cidade no alto da Torre Eiffel

Se a vista do segundo andar é deslumbrante, do terceiro é inacreditável! É algo surreal ver a cidade com todas as suas ruas e monumentos daquela altura. Eu me lembrei de projetos arquitetônicos com linhas retas, triangulares, vários retângulos, que formam uma teia sem fim. Foi um momento de turista legítimo devido à imensa emoção que aflorou. Era a primeira vez que eu subia na torre, um sonho que me acompanhava havia muitos anos. Por mais que o desejo de tentar esconder ou fingir que nada está acontecendo se manifeste, é impossível não se emocionar. Meus olhos ficaram turvos por causa da emoção. Seu sonho é subir até o último andar? Então, ao chegar, valorize o momento, deixe a emoção fluir e relembre as vezes em que mencionou que um dia estaria no topo da Torre Eiffel. Realizar um sonho é afastar qualquer desconfiança de que a felicidade é inalcançável.

Para descer, o procedimento é o mesmo: aguardar nas filas, entrar no elevador, ser empurrado (se os outros integrantes não forem orientais), sair e ficar espantado com os raios de sol transformando a cor cobre dos ferros em belíssimas linhas douradas. Ao me afastar da área principal de acesso, fui "atacado" por vários africanos que vendiam chaveiros da torre.

Aviões riscam o céu com sua fumaça

>>> *Durante a visita à Torre Eiffel, Trocadéro e Champ de Mars (ou outro monumento de Paris), algumas situações desagradáveis podem ocorrer. Fique atento: 1)* ***O africano*** *– anda com uma grande argola de metal com centenas de chaveiros da torre. São incrivelmente mais baratos que nas lojas de* souvenirs *(loja: 1 chaveiro por 2 euros – africano: 6 chaveiros por 1 euro). A qualidade deixa a desejar, mas o preço compensa. Também vendem outros produtos, como lenços e miniaturas da torre, mas só pare se você realmente for comprar algo e seja firme no momento da negociação; 2)* ***O golpe do anel*** *– ao andar pelas ruas, alguém próximo se abaixa, pega um anel e pergunta se é seu. A partir desse ponto, uma insistência insuportável se inicia para que você fique com a "joia", pois é seu dia de sorte e outras desculpas*

descaradas para conseguir alguns euros. *tentaram comigo. Como eu já sabia do* *perguntaram se o anel era meu, disse u* *e segui em frente; 3)* ***O golpe da lista*** *– r* *amáveis fazem uma educada abordagem, solicitando a sua assinatura em uma folha para auxiliar uma causa humanitária. Caso assine, prepare-se: enquanto não "doar" uma quantia – com valor mínimo – a coerção é gigantesca; 4)* ***A fita*** *– uma pessoa tenta amarrar em seu punho uma fita como lembrança da cidade ou de um monumento. Deixou amarrar, pediu para ser incomodado: o indivíduo fica agressivo a fim de causar um constrangimento público e conseguir, de qualquer forma, o seu dinheiro; se algum deles abordar você, não pense duas vezes: continue andando e, se eles insistirem, dê um golpe no golpista – finja-se de surdo-mudo e faça alguns sinais com as mãos (confesso que já utilizei esse método na Itália).*

Peguei o metrô na estação Trocadéro. Combinei com a Gisele e o Antônio um jantar no bairro de **Montmartre**. Era o último dia deles em Paris e queríamos comemorar. Desci na estação **Pigalle** e logo nos encontramos. Um amigo do Antônio sugeriu um restaurante e logo chegamos ao **Chez Toinette** (20, Rue Germain Pilon – 75018). Faço questão de explicar a localização: da estação Pigalle, vire à esquerda, passe a Rue André Antoine, a Villa de Guelma, e a próxima é a Rue Germain Pilon. É só subir até o número 20.

O restaurante é um verdadeiro bistrô francês, com preços razoáveis (entre 15 e 20 euros), e o atendimento é excelente. Os pratos são primorosos! Meu pedido:

lmão com molho branco, acompanhado de batatas gratinadas e ervilhas. O local tem poucas mesas e estava lotado. Sendo assim, eu passaria vergonha se me ajoelhasse para agradecer a refeição. Não fiz a reverência, mas o prato merecia.

A atendente lembra muito a atriz Milla Jovovich. Sempre sorrindo, conversava com todos os ocupantes das mesas. Após cumprimentos atenciosos, mencionei a semelhança com a atriz. Ela chamou o marido, que atendia no caixa e também entregava os pratos, e contou o fato. Simpático, ele respondeu: "Você é mais bonita" e deu um selinho nela. Vi suas bochechas corarem, emoldurando um lindo sorriso.

Para a sobremesa, um legítimo e saboroso *crème brûlée* – até hoje me recordo do barulho da colher quebrando a fina camada de açúcar queimado. Tudo acompanhado de um excelente vinho francês, em uma mesa com velas e flores perfumadas, ótimo papo, risadas prazerosas, amigos excepcionais... em Paris.

GASTOS

Café McDonald's: 1 euro
Éclair: 2,30 euros
Almoço: 16,50 euros
Brioche: 2,70 euros
La Grande Epicerie: 6,22 euros
Ingresso – Torre Eiffel (pela internet): 14,50 euros
Jantar: presente do Antônio (calculei 30 euros por pessoa)
Banho: 2,50 euros
Diária do hotel: 58 euros
TOTAL: 103,72 euros

3º DIA - ROTEIRO 2 - CENTRO POMPIDOU

Em apenas dois dias, a familiarização com o local era evidente. Eu precisava de água, uma excelente oportunidade para conhecer o mercado em frente ao hotel. Preço: 8 garrafas de 500 ml por 2,79 euros. Comparação: a mesma garrafa é vendida em lanchonetes por 3,50 euros. Ou seja, pelo preço de uma garrafa é possível comprar oito e ainda sobra troco para um chocolate!

Roteiro 2: Centro Pompidou, Hôtel de Ville, Bairro Marais, Museu Carnavalet, Museu Picasso, Place des Vosges, Place de la Bastille e Ópera Bastille. Café do dia: café do McDonald's (1 euro) e um sanduíche de queijo brie da *boulangerie* (3 euros). Entrei no metrô e desci na estação **Rambuteau**, ao lado do Centro Pompidou.

>>> **Centro Pompidou** – *www.centrepompidou.fr; quarta a segunda das 11h às 22h, fechado às terças; preço: 13 euros. O Centro Pompidou (ou Beaubourg) é um complexo que abriga o Museu Nacional de Arte Moderna, um espaço para exposições temporárias, uma grande biblioteca e espaços para diversas ramificações da arte, como cinema, dança e teatro. Inaugurado em 1977, causou repercussão devido a sua arquitetura moderna e única. Projetado pelos arquitetos Renzo Piano e Richard Rogers, foi considerado extremamente arrojado, com seus tubos e conexões aparentes (amarelo para os fios elétricos, verde para a água e azul para o ar-condicionado), estrutura de aço e escadas rolantes externas.*

Centro Pompidou

Arte moderna é algo que tem definição pessoal única: ou você gosta ou não gosta. É uma ramificação que não aceita meio-termo. Algumas obras do museu são interessantes em sua concepção artística, mas outras são estrambóticas. A permanência durante alguns minutos em frente a uma obra tentando compreender a ideia ou sensação que o artista gostaria de transmitir criando aquela peça é inevitável. Essa foi a minha reação diante de uma sala com diversas meias-calças pregadas no teto. As pontas tinham bolas de diversos tamanhos. Não cheguei a nenhuma conclusão.

No imenso acervo de peças coloridas, repletas de texturas e formas diferentes, há obras de artistas com fama mundial, como Picasso, Andy Warhol, Dalí, Francis Bacon, Miró, Pollock e Kandinsky, para citar alguns. É muito interessante observar a obra *Arlequim*, de Picasso, e compará-la com as outras obras do artista no museu. A evolução dos traços e do estilo é visível.

No último andar está instalado o **Georges**, um restaurante que aproveita ao máximo sua localização. Todo de vidro e com esculturas esquisitas no interior, ele tem um terraço com vista esplêndida da cidade, principalmente da Torre Eiffel e do bairro Montmartre. Em várias críticas li que o Georges tem preços acima da média e que o atendimento é apático e demorado. Na entrada há um cardápio com preços entre 20 e 40 euros. Vale para apreciar a vista e tirar fotos.

Do alto do Centro Pompidou

Devido ao horário, não havia ninguém na área da entrada quando cheguei ao museu. Ao sair, ela estava repleta de artistas, cantores, músicos com seus instrumentos, pintores e seus cavaletes, desenhistas com suas folhas de papel e lápis de cor, todos mostrando sua arte aos visitantes. No lado direito está a **Place Igor Stravinsky** com suas fontes e móbiles em forma de coração, lábios, animais e outras peças que não consegui identificar. Eu me sentei em um dos bancos ao redor da fonte e percebi que o museu cumpre uma função excepcional: ele consegue deixar que a arte ultrapasse as paredes repletas de tubos e aço e contagie tudo e a todos à sua volta. Um verdadeiro centro cultural completamente diversificado.

Place Igor Stravinsky

Passeando pela região, cheguei ao **Boulevard de Sébastopol**, uma das grandes avenidas do bairro, e passei por uma praça onde está a **Fontaine des Innocents**. Desci à esquerda, em direção ao Rio Sena, para encontrar a Rue de Rivoli, endereço de uma **Zara** - www.zara.com –, uma de minhas lojas preferidas. Julho é um mês de promoções na Europa, por isso reservei uma parte do orçamento para comprar algumas peças diferentes, principalmente casacos. Analisando os preços, concluí que era melhor aguardar mais alguns dias, pois ainda estavam muito altos. Detalhe: o local estava lotado, como todas as lojas da cidade nessa época do ano.

Fontaine des Innocents

Mais três quadras e cheguei ao **Hôtel de Ville**, sede municipal que abriga os escritórios do prefeito e conselho da cidade. Destruído durante a Comuna de Paris em 1871, o edifício foi totalmente reconstruído. A fachada é decorada com 136 estátuas de figuras históricas famosas. Em frente há uma praça – **Place de l'Hotel de Ville** – com bancos e arbustos, local em que as pessoas se sentam para almoçar. Esse foi um dos costumes franceses que mais admirei: eles compram a refeição (porções compradas em mercados) e se sentam nos bancos dos parques e praças para comer e conversar com os amigos. Muito prático e saudável, com preço abaixo do que é cobrado em restaurantes.

Depois de andar alguns minutos, finalmente cheguei ao **Marais**, um dos bairros mais cultuados e efervescentes da cidade, que transborda charme em cada esquina, com lojas badaladas e bares da moda. É considerado patrimônio histórico da Unesco e atualmente é o local preferido da comunidade gay, que se mistura com os judeus ortodoxos e artistas em suas ruas estreitas. O Marais compõe o 4º *arrondissement*, enquanto o 3º *arrondissement* é conhecido como Alto Marais (Haut Marais).

>>>***Arrondissement**: Paris é dividida em 20 arrondissements (departamentos, bairros), com a numeração em forma de espiral, no sentido horário. O arrondissement nº 1, por exemplo, é onde se localiza o Museu do Louvre. Os números mais baixos correspondem aos arrondissements mais centrais e próximos das atrações turísticas, enquanto os números maiores são os mais afastados. O código postal da cidade é*

750, acompanhado do número do arrondissement (75001 - 1er; 75002 - 2ème; 75003 - 3ème). Dica: para reservar sua hospedagem ou visitar um ponto turístico, confira o código postal para saber se está muito afastado do centro da cidade.

Decidi almoçar antes de continuar, o que não seria tarefa difícil devido às centenas de opções no bairro. Chegando à Rue des Rosiers, encontrei filas enormes e lotação máxima nos locais que vendem **falafel** (bolinho de grão-de-bico frito originário do Oriente Médio), servido dentro do pão pita, acompanhado de diversos tipos de saladas, molhos e condimentos.

Mesmo receoso, entrei na fila do **King Falafel Palace**. Por alguns instantes analisei se compensaria aguardar, vendo as outras pessoas afortunadas que já saíam com o seu falafel nas mãos. Fiquei muito satisfeito por decidir esperar. A fila andou muito rápido porque o atendimento é equivalente ao de um fast food. Escolhi um falafel de frango ao curry e pedi todos os ingredientes disponíveis. Estava delicioso! Preço: 7,50 euros.

O dia estava muito abafado e com vento quente. Para acalmar essa sensação corporal, o ideal como sobremesa é um sorvete. E foi com essa justificativa que conheci um dos meus maiores vícios durante a viagem: os sorvetes da **Amorino** - www.amorino.com. Andando pela Rue des Rosiers, cheguei à esquina **da Rue Vieille du Temple** com a **Rue Sainte-Croix de la Bretonnerie**, local de uma das filiais.

O sorvete na casquinha é delicadamente preparado em forma de flor. Cada sabor se transforma em uma pétala, o que deixa o visual irresistível. Sabores que escolhi: chocolate (algo óbvio em minha vida), pistache e caramelo. Sorvete é e sempre será a minha sobremesa favorita. Servido com todo esse zelo, torna-se um prazer inigualável. Preço do sorvete médio com 3 sabores: 4,90 euros.

Sorvete-flor

O Marais é um local para aproveitar sem compromissos agendados. Reservei um período no meu roteiro para andar pelas ruas, observar a arquitetura e absorver ao máximo a atmosfera alegre e festiva. Uma das características do bairro: em um restaurante, casais heterossexuais e homossexuais almoçavam, enquanto judeus ortodoxos, sentados em bancos próximos, conversavam com entusiasmo, em uma harmonia invejável. Cada casal cuidava da sua mesa, do seu - ou sua - acompanhante. Não importava quem estava ou o que estava acontecendo na mesa ao lado. Como diria um amigo meu: "Cada um com os seus cada um", ou seja, respeito pela liberdade do outro.

O tempo estava passando e, apesar de estar em ordem com o roteiro, era prioridade continuar o trajeto planejado, senão permaneceria o restante do dia passeando sem nenhuma pretensão pelas ruas do Marais e tomando mais um, ou dois, ou três sorvetes da Amorino. Segui em direção à **Rue Sévigné** para encontrar o **Musée Carnavalet**.

>>>***Musée Carnavalet*** *– www.carnavalet.paris.fr; terça a domingo das 10h às 18h; fechado às segundas. O museu tem a história de Paris como tema, desde suas origens até a atualidade. Instalado em duas mansões (Hôtel Carnavalet e Hôtel Le Peletier de Saint-Fargeau), abriga peças arqueológicas, maquetes, esculturas, pinturas, reconstituição de cômodos e documentos importantes sobre a Revolução Francesa.*

Apesar de o nome sugerir a ideia, o museu não é dedicado ao Carnaval. A sua proposta é preservar o legado histórico de Paris. Um fato que deixa o local muito interessante: a entrada é gratuita para as coleções permanentes. No térreo há peças arqueológicas do período galo-romano; a galeria das insígnias, com letreiros, placas e inscrições com nomes de estabelecimentos comerciais; Paris dos séculos XVI, XVIII e parte do século XIX. No primeiro andar: Paris dos séculos XVII, XVIII, segunda parte do século XIX e século XX. O segundo andar é dedicado à Revolução Francesa.

Entrada do Museu Carnavalet

O complexo inclui jardins muito bem cuidados e preservados em seu interior. Os arbustos formam arabescos, contornados por flores, deixando as paredes do museu repletas de trepadeiras muito mais bonitas em uma visão panorâmica. Depois de visitar o museu, o jardim foi o local que escolhi para descansar. Apenas duas orientais lanchavam sentadas nos degraus.

As obras são impressionantes, tornando valiosa a importância histórica do museu. Estava praticamente vazio, pois não faz parte do itinerário da maioria dos turistas. A peça que mais admirei foi **O berço do príncipe imperial**. Projetada pelo arquiteto Victor Baltard, a obra foi concluída em menos de três meses por alguns dos artesãos mais qualificados da época, um presente a Napoleão III e à imperatriz Eugênia. A perfeição da estátua que segura a coroa é fantástica!

Saindo do Carnavalet, fui em direção ao segundo museu do roteiro: o **Musée Picasso**. Com uma ressalva: apenas para confirmar se o local continuava fechado para reforma. Quem sabe, com um pouco de sorte, ele já estaria aberto. Infelizmente, as portas estavam trancadas.

>>>***Musée Picasso*** *- www.musee-picasso.fr; quarta a segunda das 9h30 às 18h; preço: 7,70 euros. Construído no século XVII, o museu está instalado no Hôtel Salé e é dedicado à obra do pintor espanhol, em suas diferentes fases artísticas.*

Decepcionado com o Museu Picasso fechado, continuei o percurso até chegar à **Place des Vosges**. Projetada como um quadrado perfeito, rodeada de 36 casas simétricas e de tijolos vermelhos, é a praça planejada mais antiga da cidade. Construída por Henrique IV e inaugurada em 1612 com o nome de Place Royale, o local é um dos preferidos dos parisienses para sentar e aproveitar os dias de sol. A praça estava completamente lotada e era difícil encontrar um pedaço de gramado vazio.

Place des Vosges

Ao redor da praça há restaurantes, salões de chá, cafés e galerias de arte. Passear por ali é descobrir locais maravilhosos, como a **Carette** – www.carette-paris.com –, apreciar as delícias da vitrine e evitar a tentação de comprar e provar todos os produtos.

Os deslumbrantes doces franceses

Próximo à praça fica a **Maison de Victor Hugo** (terça a domingo das 10h às 18h), onde o escritor morou de 1832 a 1848. Há pinturas, cartas, desenhos, gravuras, manuscritos, esculturas e peças que mostram a vida e a obra de Victor Hugo. A visita à coleção permanente é gratuita, mas as exposições temporárias são pagas. Os cômodos foram reconstituídos com base em fotos e decorados com um mobiliário rico e repleto de detalhes.

No planejamento do roteiro, fiz questão de inserir o museu, pois Victor Hugo é o autor de uma das histórias que mais me fascinam: **O Corcunda de Notre-Dame**. Publicada pela primeira vez em 1831, a trama protagonizada pelo corcunda Quasímodo e pela bela cigana Esmeralda tem como cenário a Catedral de Notre-Dame de Paris. Já assisti a filmes, li livros, e a animação da Disney sobre o trágico romance é uma das minhas favoritas.

Voltei para a Place des Vosges e, para minha surpresa, havia um banco vago com sombra feita pelas árvores. Não entendo como os franceses conseguem sentar – e, o pior, comer – debaixo do sol escaldante. Relaxar em uma praça com sombra refrescante e fazer um piquenique é muito agradável. Mas é impossível realizar essas ações com a sensação de estar sendo assado. Observei várias pessoas com a pele vermelha como um tomate e em toda a viagem não vi ninguém passando protetor solar. Em compensação, eu e os orientais passávamos a cada trinta minutos.

O calor castigava, mas reuni forças e fui em direção à **Place de La Bastille**, perto da Place des Vosges, um dos locais mais famosos de Paris. Ali ficava uma prisão, demolida pela multidão de revolucionários em 14 de julho de 1789, um dos fatos marcantes do início da Revolução Francesa. Atualmente, no local há uma grande rotatória, com a **Colonne de Juillet** no centro, erguida em memória dos mortos nas batalhas. O topo é decorado com **O Gênio da Liberdade,** uma estátua dourada de um homem com asas.

O Gênio da Liberdade no topo da Colonne de Juillet

Outro ponto turístico do local é a Ópera Bastille – www.operadeparis.fr –, projetada por Carlos Ott, escolhido em uma competição internacional de arquitetos. Inaugurada em 1989, no auditório principal há

2.700 assentos. Não entrei para visitar porque não simpatizei com a área. O tráfego intenso, o barulho ensurdecedor das buzinas, o cheiro de fumaça e as centenas de pessoas caminhando de um lado para o outro deixam qualquer um desorientado. Esse foi o lugar mais sujo que vi em Paris.

Ópera Bastille

Acredito que a mistura de todos os elementos mencionados e mais o calor intenso me causaram uma dor de cabeça muito forte. Desci pela Rue Saint-Antoine para fugir daquele caos e me deparei com a Église Saint-Paul Saint-Louis. Andando apressado para fugir do barulho, quase não percebi a igreja. Foram suas belíssimas portas vermelhas que me chamaram a atenção. Em volta, dezenas de motoqueiros começaram a acelerar suas motos.

Ao escutar os ruídos dos motores em um volume altíssimo, não pensei duas vezes e entrei na igreja. Quasímodo levou a cigana Esmeralda para dentro de Notre-Dame para fugir dos seus perseguidores e eu entrei na igreja Saint-Paul Saint-Louis para fugir do calor e do barulho. Como toda igreja de grandes dimensões, o interior estava com o ar fresco, que automaticamente me relaxou. O silêncio imperava e, em contraste com as centenas de pessoas no lado de fora, não havia ninguém no recinto.

O interior da igreja – eu e Deus

Maravilhado com a quietude, passei um bom tempo apreciando todos os detalhes do local. Não sei se passaram minutos ou horas, mas não era o meu desejo sair de onde estava. Durante todo o período, ninguém entrou no local. O cansaço não me permitia mexer um músculo e permaneci na mesma posição. Respirava bem devagar, olhando as velas queimarem, a luz entrar pelas janelas, as cores das estátuas. Contei até a quantidade de cadeiras à minha frente. Depois de algum tempo eu me levantei, fui até a caixa de doações, depositei dois euros e peguei uma vela. Acendi no local indicado e me ajoelhei. Não pedi nada, somente agradeci pelo local de refúgio e pela viagem, que, até o momento, estava perfeita.

Ao abrir as portas, percebi que as motos não estavam mais nas ruas. Desci as escadas da igreja e procurei um local para fazer um lanche. Um dos motivos para a dor de cabeça poderia ser fome. Alguns passos depois encontrei uma *boulangerie-patisserie*. E o que acontece quando uma pessoa faminta entra em um local repleto de guloseimas? O pecado da gula. Comprei uma *éclair* de chocolate (2,20 euros), um folhado de maçã (2,30 euros), uma quiche de queijo (3 euros) e um café (1,60 euro). Total: 9,10 euros. Só consegui comer os doces!

Lentamente voltei à estação de metrô do Hôtel de Ville, caminhando pelas ruas ao lado do Rio Sena. O sol já começava a sumir e foi quando vi as ilhas pela primeira vez. Senti uma vontade imensa de atravessar as pontes e conhecer pelo menos a Catedral de Notre-Dame, mas resisti. Estava muito cansado e precisava voltar para o hotel. Para descansar, parei em um dos bancos em frente ao Hôtel de Villle e comi com muita calma a quiche de queijo, observando as pessoas passarem. Após o lanche, peguei o metrô.

Chegando à recepção do hotel, me joguei na primeira cadeira. Com o celular, acessei a rede Wi-Fi (rápida e com excelente conexão) e respondi a alguns e-mails e mensagens de amigos. O recepcionista, percebendo como eu estava, perguntou: "O dia foi cansativo hoje?". Respondi com um sorriso, dizendo que eu devia estar mesmo com uma aparência horrível. Foi nesse momento que percebi a presença de uma moça loira muito bonita, que entrou na conversa: "Paris é linda, mas é uma cidade interminável. Quanto mais conhecemos, mais queremos conhecer. E isso pode acabar com a gente..."

Abri um sorriso, peguei minha chave e concordei com a informação, antes de entrar no elevador. Enquanto subia, olhei meu rosto no espelho e vi os traços de cansaço que o recepcionista provavelmente observou antes de me fazer a pergunta. Concluí que eu já estava com o "vício de Paris", com apenas três dias na cidade...

GASTOS

Mercado: 2,79 euros
Café McDonald's: 1 euro
Sanduíche de queijo: 3 euros
Almoço – falafel: 7,50 euros
Sorvete – Amorino: 4,90 euros
Vela na igreja: 2 euros
Boulangerie: 9,10 euros
Banho: 2,50 euros
Diária do hotel: 58 euros
TOTAL: 90,79 euros

4º DIA - ROTEIRO 3 - SACRÉ-COEUR

Esse foi um dia muito aguardado: a visita ao bairro **Montmartre**, cenário do filme **O fabuloso destino de Amélie Poulain** (*Le fabuleux destin d'Amélie Poulain*, de Jean-Pierre Jeunet - 2001), um dos meus preferidos.

Roteiro do dia: Moulin Rouge, Museu do Erotismo, Café des 2 Moulins, Moulin de la Galette e a fabulosa Basilique du Sacré-Coeur. Café da manhã: cappuccino no McDonald's (2 euros) e pão com presunto e queijo camembert na *boulangerie* (2 euros).

Montmartre, segundo a lenda, significa "monte dos mártires" e está localizado ao norte de Paris, a 130 metros do nível do mar. É o local do martírio de Saint Dennis, o primeiro bispo de Paris, e de seus companheiros. O bairro, famoso pela sua vida noturna, atraiu inúmeros artistas, como Degas, Cézanne, Van Gogh, Renoir, Monet e Toulouse-Lautrec.

Um pouco afastada do centro da cidade, foram necessárias três conexões com o metrô para chegar à **estação Pigalle**, início do meu roteiro. Ao sair da estação, uma observação rápida: vários *sex shops,* casas de massagem, lâmpadas coloridas e locadoras de vídeo pornográfico compõem a rua. Com essa atmosfera, nada melhor do que começar o dia visitando o **Musée de l'Érotisme**.

>>>***Musée de l'Érotisme*** *- www.musee-erotisme.com; todos os dias; das 10h às 2h da manhã; preço: 10 euros; o museu não aceita o Paris Museum Pass. A história da sexualidade é mostrada através de centenas de estátuas, pinturas, objetos e acessórios sexuais desde a Pré-História*

até a era moderna. O acervo tem mais de 2 mil peças dedicadas ao erotismo.

O erotismo em todas as suas formas

Para você não se surpreender nem passar vergonha se estiver com sua mãe, por exemplo, vou especificar o que está em exposição no museu: pênis coloridos e gigantes, estátuas com genitais enormes, pinturas representando posições sexuais, gravuras eróticas, acessórios, fetiches sexuais e vídeos pornográficos antigos. O acervo foi adquirido por Alain Plumey ao longo dos anos e ocupa quatro dos sete andares do museu. Os outros são dedicados a exposições temporárias.

É um museu para ser visitado com a mente aberta a novos conceitos, compreendendo que a sexualidade – e todas as suas formas – faz parte da vida do ser humano.

Se você tem algum resquício de puritanismo ou restrição ao tema, não entre! Melhor evitar do que ficar acanhado, principalmente na presença de idosos (a maioria no dia da minha visita), que observavam as peças e comentavam como se estivessem no Museu do Louvre. Na saída há uma livraria com diversos títulos sobre o tema e alguns acessórios, como o famoso vibrador em forma de Torre Eiffel, criado pelo artista franco-peruano Sebastien Lecca.

Perto do Museu do Erotismo localiza-se um dos maiores símbolos de Paris: o **Moulin Rouge** – www.moulinrouge.fr. Inaugurado em 1889, o cabaré segue como um ícone da noite parisiense. Famoso pelo lendário moinho vermelho instalado no terraço, pelos extravagantes espetáculos de cancã e por um dos seus frequentadores ilustres, o boêmio pintor Toulouse-Lautrec, atualmente é disputado por turistas que desejam reviver a época de plumas e paetês. Dica: compre o ingresso antecipadamente pelo site (com ou sem jantar e disponível em dois horários). Apesar de ser um "impulso turístico obrigatório", não assisti ao show. Simplesmente não aconteceu! Em viagens há fatos como esse: às vezes planejamos algo, mas ao estar diante da atração o desejo desaparece ou fica em segundo plano. Isso ocorreu comigo em relação ao Moulin Rouge.

Moulin Rouge

Fui até a **Rue Lepic** para conhecer o local de trabalho de uma personagem cinematográfica: a delicada e sonhadora Amélie Poulain. Antes de viajar, assisti ao filme novamente. Há uma conexão fantástica desse filme com Paris, da mesma forma que *Tudo sobre minha mãe* (sou completamente apaixonado por esse trabalho de Pedro Almodóvar) tem com a Espanha. Vai visitar Montmartre? O filme da história de Amélie é obrigatório!

É impossível passar pelo **Café des 2 Moulins** e não

vê-lo. Localizado na esquina da Rue Lepic com a Cauchois, ele chama atenção pela cor vermelho-sangue (cor predominante em vários estabelecimentos de Montmartre) das portas, janelas, toldos e pela intensa movimentação de turistas. E qual o grupo predominante nesse local? Se você respondeu que é o dos orientais, acertou! Entrei em alguns locais em Paris e foi como se estivesse na China ou no Japão!

"Amélie, un café, s'il vous plaît..."

Foi uma decepção ao entrar: a tabacaria onde a personagem Georgette trabalhava não existe mais. Em compensação, a atmosfera é a mesma do filme, que aumenta ao ver uma grande foto do rosto de Amélie em uma moldura redonda. Verificando o cardápio, concluí que o local tenta aproveitar a fama ao máximo, pois os preços são altos. Pedi apenas um café e paguei 4,20 euros por essa satisfação. No local não é aceito nenhum tipo de cartão, somente dinheiro.

A Rue Lepic não termina no fim da rua – ela continua à esquerda, à direita fica a Rue des Abbesses. Encontrei um local que me fez agradecer por não ter comido nada no café da Amélie: a **Boulangerie Alexine,** modesta pela dimensão das delícias que oferece. Meditei para manter o autocontrole e pedi um bolinho de chocolate para começar. Quando perguntei qual era o recheio, a atendente disse a palavra mágica: Nutella! O nome da delícia? *Tigré Amandes Chocolat*.

As delícias da Alexine – Rue Lepic, 40

Confesso: comprei dois bolinhos (2,10 euros cada), uma *éclair* de café (2,20 euros), uma massa folhada com tomate e queijo brie (3,10 euros) e um pedaço de pizza com queijo e azeitonas pretas (2,95 euros). Total: 12,45 euros. Tudo embrulhado de forma primorosa. Pedi para separar em dois pacotes: o lanche da manhã e o almoço.

Na mesma rua encontra-se a **casa** que foi propriedade

de Théo van Gogh, irmão do famoso pintor Vincent van Gogh, que morou no local de 1886 a 1888. Do lado esquerdo da porta azul há uma placa informando o fato. Não muito longe, mais dois locais turísticos: o **Moulin de la Galette** (Rue Lepic, 75; no alto de uma colina, não permite acesso do público; foi tema de um dos quadros mais famosos de Renoir – *Le Bal du Moulin de la Galette*, de 1876) e o **Moulin Radet** (Rue Lepic, 83).

Na Rue Norvins, no final da **Place Marcel Aymé**, uma estátua chamará sua atenção: um homem preso em uma parede de tijolos. Trata-se da famosa estátua **Passe--Muraille**, inspirada no personagem do escritor Marcel Aymé, que descobre ter o dom de atravessar as paredes, como um espírito. Um pai tentava tirar uma foto da filha pequena, que tinha o cabelo repleto de laços e não parava de pular, tentando pegar a mão da estátua. Gentilmente, me ofereci para tirar a foto. A cena eternizada do pai segurando a filha no colo e ela sorridente, com a mão apertando a do "Passa-Paredes", ficou singela e muito bonita.

O Passa-Paredes

Continuando pela Rue Norvins, à direita está a Rue Poulbot. O **Espace Dalí** fica no nº 11 – www.daliparis.com; aberto todos os dias das 10h às 18h; preço: 11 euros. É um espaço totalmente dedicado ao pintor surrealista. Pinturas, esculturas, litografias, desenhos e algumas reproduções do artista estão expostos. É um museu pequeno, que compensa a visita somente se você é fã do pintor – contenha a tentação de sentar no famoso sofá em forma de lábios. Observação: em comparação com outros museus e pontos turísticos, o preço do ingresso é alto.

Das ruas de Montmartre já era possível avistar as pontas das torres da Basílica. Antes de conhecer o ponto alto do bairro, cheguei à animadíssima **Place du Tertre**, passando por dezenas de lojas de lembranças da cidade. A charmosa praça é o centro do bairro, repleta de bistrôs, restaurantes e cafés, que disputam a atenção dos turistas com pintores e retratistas. Pode ser muito agradável posar para um deles enquanto aprecia ao redor. O preço de um retrato fica em torno de 50 a 60 euros. Um conselho: antes de pedir o seu, observe o trabalho de todos, pois alguns são excelentes, outros nem tanto. Assim não será surpresa desagradável no final, como a da menina ruiva que fiquei observando. Quando ela pegou o desenho, foi visível a indignação em seu rosto. Realmente, o trabalho estava muito ruim. Não tire fotos dos artistas, principalmente das suas obras, pois eles chamarão sua atenção em alto e bom som.

A badalada Place du Tertre

Alguns homens vestidos ao estilo francês fazem a sua silhueta recortada em um pedaço de papel. Para finalizar, o trabalho é inserido em um cartão, com uma moldura antiga impressa. Eles são muito insistentes na venda. Preço: 15 euros para crianças e 20 euros para adultos. Uma dica: observe as paredes, as ruas, os postes. Em todos os lugares há uma pintura, um desenho, um cartaz retratando uma personalidade ou um desconhecido. Alguns são incríveis, como um desenho de Janis Joplin feito com giz de cera em um papel branco grande grudado em uma parede. A vontade era de arrancá-lo e levar para casa.

Os famosos cartazes parisienses

Montmartre foi construído praticamente ao lado da Place du Tertre. No alto da colina está a **Basilique du Sacré-Coeur** com suas escadarias que proporcionam vistas estonteantes de Paris.

>>>***Basilique du Sacré-Coeur*** *– www.sacre-coeur-montmartre.com; das 6h às 22h; cúpula e cripta: das 9h às 18h. Construída com as doações de parisienses católicos, a Basílica do Sagrado Coração é visível a uma grande distância. Projetada pelo arquiteto Paul Abadie, a Basílica tem uma colossal cúpula principal, quatro cúpulas pequenas e um campanário ricamente decorado. Consagrada em 1919, não é considerada harmônica em sua concepção, mas é um dos locais católicos mais conhecidos da França. Para subir, pode-se utilizar o Funiculaire (bondinho), evitando a grande escadaria até a Basílica.*

Sacré-Coeur

Almocei meus petiscos da *boulangerie* na escadaria da Basílica. Em vários blogs e sites li que Montmartre, pela sua agitação, lojas turísticas e a miscelânea de pessoas, deve ser visitado uma única vez. Não é verdade. Como alguém pode afirmar algo assim depois de se deparar com aquela vista da cidade? Adoraria passar alguns dias no bairro, aproveitando as convidativas opções de restaurantes, entrando em todas as lojinhas de *souvenirs* (atire a primeira pedra quem, mesmo escondido, não entra em uma), sentar calmamente e observar a destreza dos artistas criando retratos. A sua opinião pode ser como as que eu li, ou como a minha, mas o que você não pode deixar de fazer é conhecer o bairro.

A Basílica é outro fator interessante na opinião das pessoas: grande parte dos parisienses não gosta do local. O motivo? A arquitetura, uma mistura dos estilos bizantino, romano e mouro, não é harmônica e contrasta com os outros monumentos da cidade, predominantemente góticos, neoclássicos ou renascentistas. Outro absurdo! Somente o branco imaculado resplandecente, destacado contra o céu azul, já é motivo para reverência.

Ao entrar, o enorme mosaico da sala central (um dos maiores do mundo), com uma grande figura de Cristo, é o destaque. Mas no interior há outros atrativos. O interessante é que, na escadaria, ao redor da igreja e nas ruas, uma multidão preenchia todos os espaços livres, e o interior da Basílica estava praticamente vazio. Isso reforça a ideia de que ela está inserida no contexto do bairro e não é algo admirado à parte. Vale lembrar que é proibido tirar fotos no interior da igreja.

No lado direito da Basílica há o acesso para subir ao domo ou descer para a cripta. Preço do ingresso: 8 euros para o domo e para a cripta; 3 euros para a cripta; e 6 euros para o domo. Escolhi a primeira opção. A entrada para os dois é no mesmo local. O Paris Museum Pass não é aceito, e prepare-se: são quase 300 degraus para alcançar o topo. Uma tática para não cansar muito (comigo funciona) é subir contando os degraus.

Resumo da vista panorâmica do domo-cúpula: estonteante! Todas as grandes atrações estão visíveis: a Torre Eiffel, a Torre de Montparnasse, os edifícios de La Defense. A vista compensa o valor do ingresso e a subida nas escadas em caracol. Ao meu lado, uma senhora indiana tirava fotos sem parar e os seus dois filhos corriam e pulavam por entre as pessoas. De repente, um deles se jogou contra a mureta da torre. Com o susto, eu o segurei pela camiseta. A mãe largou tudo e o agarrou pelo braço, dizendo frases repetidas e aceleradas. Virou-se para mim e disse alguma coisa, que parecia ser um agradecimento. Com esse episódio ganhei um arranhão na máquina fotográfica nova. Lembrança de viagem!

Vista da cúpula da Basílica de Sacré-Coeur

Para baixo, todo santo ajuda! A descida pelas escadas não foi nenhum empecilho. Segui em direção à entrada da **cripta** e utilizei o mesmo ingresso para entrar. Sem nenhuma grande atração, no interior da cripta há algumas estátuas de sacerdotes e figuras bíblicas. Entende-se por que o valor do ingresso, em conjunto com o do domo, é de apenas 2 euros.

Descendo, segui pela **Rue Gabrielle** até a **Place Émile Goudeau**, local onde está o discreto **Bateau Lavoir**, a antiga residência de homens notáveis da história da arte. O nome, em português literal, significa "barco de lavagem", devido ao balanço e rangidos da construção em dias de tempestade. Amedeo Modigliani, Max Jacob, Jean Cocteau, Renoir, Van Gogh, Pablo Picasso, Toulouse--Lautrec e Cézanne foram alguns dos artistas que viveram e trabalharam nos estúdios do Bateau Lavoir. Foi nesse local que Picasso pintou uma de suas mais notáveis obras: **Les Demoiselles d'Avignon**, em 1907, considerada uma obra do pré-cubismo.

Le Bateau Lavoir

Pela **Rue Ravignan** cheguei a uma das áreas mais conhecidas do bairro: **Place des Abbesses**. Ao redor da praça há uma rede gastronômica deliciosa. Como em Montmartre há um número elevado de imigrantes, a quantidade de opções de diversas partes do mundo à sua escolha é muito grande. Pães, queijos, vinhos, frutas, *traiteurs* (servem refeições prontas) e verdadeiras delícias francesas que deixam um turista eufórico. Andar por essa região, que inclui principalmente a Rue des Abbesses, é obrigatório para os amantes da culinária. Compras: um bom pedaço de queijo brie (acredite no preço: 1,23 euro), um punhado de cerejas (2,40 euros), dois *croissants* (2 euros) e uma garrafa pequena de vinho (4,25 euros). Total de 9,88 euros.

O local escolhido para um piquenique não poderia ser mais adequado: sentado nos bancos do **Le mur des je t'aime** – www.lesjetaime.com –, localizado na Place Jean Rictus e idealizado por Frédéric Baron. Em homenagem ao amor, o muro, de azulejos azuis, reproduz 311 formas diferentes de dizer "eu te amo": inglês, japonês, esperanto, alemão, italiano, espanhol, árabe, em braile, em linguagem de sinais. O mais próximo do português que eu encontrei foi um "te amo"! Acima do muro há um desenho de Rita Hayworth, caracterizada como sua sensual personagem Gilda, com a frase: *Aimer c'est du désordre... Alors aimons!* – O amor é a desordem... Então, amemos!

O muro dos "eu te amo"

A **Place Suzanne Valadon,** próximo à **Place Jean Rictus**, foi palco de um show. Em diversos pontos de Paris há pianos nos quais qualquer pessoa pode tocar. A Place Suzanne é o local onde está instalado o **Funiculaire**, um bondinho que sobe e desce a colina levando os turistas que não querem subir as escadas para visitar a Sacré-Coeur. Preço do tíquete: 1,70 euro – pode ser adquirido nas máquinas automáticas ou na bilheteria. Um rapaz começou a tocar no piano da praça enquanto observava o Funiculaire. Um deleite para os turistas! Sua agilidade era fantástica e, após receber aplausos por alguns minutos, agradeceu educadamente e sumiu no meio da multidão.

"Play me I'm yours"

Próximo à Place há um estacionamento. Diferente da Itália, na França há mais locais para estacionar um veículo. É uma dúvida frequente dos turistas que viajam e alugam um carro. Média dos preços de estacionamento que observei em Paris: 1h – 3,50 euros; 2h – 6,50 euros; 24h – 35 euros. Evidentemente, o valor é mais alto em lugares próximos de pontos turísticos e áreas mais valorizadas.

Arte espalhada pelas ruas de Montmartre

Como já estava anoitecendo, desci a Rue Dancourt e voltei para o ponto de partida, ao Boulevard de Clichy. Completamente diferente, com suas luzes de diversas cores, a rua tinha uma quantidade inacreditável de pessoas. Fui convidado algumas vezes a entrar nas casas de shows ou de massagem, com a promessa de que alguém conseguiria realizar todos os meus desejos. Apenas agradeci, pois naquele momento meus únicos desejos eram voltar para o hotel, relaxar com um banho quente e deitar na cama... Eu poderia realizar todos os desejos sozinho.

GASTOS

Cappuccino McDonald's: 2 euros
Pão com presunto e queijo – *boulangerie*: 2 euros
Museu do Erotismo: 10 euros
Café – Café des 2 Moulins: 4,20 euros
Boulangerie Alexine: 12,45 euros
Espace Dalí: 11 euros
Basilique du Sacré-Coeur – domo e cripta: 8 euros
Piquenique: 9,88 euros
Banho: 2,50 euros
Diária do hotel: 58 euros
TOTAL: 120,03 euros

5º DIA - ROTEIRO 4 - NOTRE-DAME

Dia dedicado à Île de la Cité (Sainte-Chapelle, Cripta Arqueológica, Catedral de Notre-Dame e Ponte Neuf), Île de Saint-Louis, Jardins de Luxemburgo, Église de Saint--Sulpice, Institut du Monde Arabe, Sorbonne e Panthéon. Houve um pequeno atraso no início do dia devido à deliciosa conversa com a senhora da *boulangerie*. Com um inglês compreensível, porém básico, conversamos sobre o Brasil, França e como são privilegiadas as pessoas que podem conhecer outros países. Apesar de já ter visitado alguns países da Europa, o sonho dela é viajar para o Peru e o México. Enquanto tomava meu café do McDonald's (1 euro) e apreciava o sanduíche de queijo que ela havia preparado na hora (3 euros), satisfizemos a curiosidade um do outro – conversamos por mais tempo, ao contrário dos outros dias, quando apenas nos cumprimentávamos. Uma simpatia e um sorriso delicioso, como todos os seus sanduíches.

Desci na estação de metrô **Cité**, situado na **Île de la Cité**, uma ilha em forma de barco no Rio Sena, local em que Paris nasceu. No século III a.C., os parisi, uma tribo celta, se fixaram na ilha. Ao longo dos anos, eles defenderam o seu hábitat até a chegada dos romanos, que transformaram o local em uma típica cidade romana, expandindo-a para as margens do Rio Sena. Os francos foram os próximos a dominar o local, tornando-o um grande polo comercial, muito cobiçado por outros reinos. Assim, nascia uma das maiores cidades da Europa Ocidental (para se aprofundar, consulte www.youtube.com – *A história de Paris*, documentário do Discovery Channel).

Mesmo analisando mapas, publicações, livros e guias sobre a ilha, minha idealização sobre as proporções era muito distante da realidade. Pequena e compacta, ela abriga duas das grandes atrações de Paris: a Catedral de Notre-Dame e a **Sainte-Chapelle**, meu primeiro destino do dia.

>>>***Sainte-Chapelle*** *- www.sainte-chapelle.monuments-nationaux.fr; das 9h30 às 17h/18h; preço: 8,50 euros; aceita o Paris Museum Pass. Magnífica obra-prima do estilo gótico, a Sainte-Chapelle foi projetada em 1241 e as obras se iniciaram em 1246. Concluída rapidamente (consagrada em 1248), foi construída pelo rei Luís IX para servir de capela do palácio real. Nessa época, o culto às relíquias de Cristo era muito popular e os reis se tornaram grandes apreciadores dos objetos. Para santificação da igreja, Luís IX comprou do rei bizantino Balduíno II, por uma verdadeira fortuna, a suposta coroa de espinhos de Cristo. Posteriormente adquiriu outras peças, aumentando o prestígio da construção e da cidade. A capela é composta por dois andares: a Capela Inferior, utilizada pelos moradores do palácio, e a Capela Superior, onde se guardavam as relíquias e era frequentada apenas pelo rei e seus convidados. É nessa área que se encontram os belíssimos vitrais, com 1.113 cenas que contam a história da humanidade através da Bíblia.*

Teto da Sainte-Chapelle

A capela é um pequeno relicário, todo trabalhado nos mínimos detalhes. Entrando na Capela Inferior, a reação é de deslumbramento completo. As abóbadas e o teto, em tons de azul e dourado, vão deixá-lo com dor no pescoço pelo grande período que permanecerá com os olhos para cima. Os pequenos arcos de ornamentos góticos, as colunas e os capitéis transmitem beleza com elegância. Mas esse não é o ponto principal: uma escada dá acesso à Capela Superior. No final dos degraus há um local abençoado por Deus. E, para seu encantamento pleno, não há paredes, somente grandes vitrais, intercalados por pequenas colunas que sustentam a abóbada. Gênesis, o Êxodo, o Livro dos Juízes, a Paixão, o Livro de Ester e o Livro dos Reis são alguns dos temas contemplados nos suntuosos vitrais.

Apesar da admiração pela Sainte-Chapelle, minha ansiedade era muito grande. Seria nessa manhã a visita a um dos símbolos máximos da cidade, mundialmente conhecido, local de diversas histórias, lendas e emoções: a majestosa **Cathédrale de Notre-Dame de Paris**.

>>>***Cathédrale de Notre-Dame de Paris*** *- www.notredamedeparis.fr; das 8h às 18h45, sábados e domingos até 19h15; preços: grátis para a catedral; tesouros: 4 euros; torres: 8,50 euros. Uma das mais antigas catedrais góticas da França, a Catedral de Notre-Dame é o ponto central de Paris. Uma estrela de bronze afixada na calçada da praça em frente à catedral marca o início das distâncias de Paris a todos os locais da França. A área da catedral já foi ocupada por outras construções religiosas. Em 1160, o bispo Maurice de Sully, focado em transformar a cidade em um grande polo religioso, decide construir uma igreja digna para a cidade. Três anos depois é iniciada a construção da catedral, que levou quase dois séculos para ser finalizada.*

Espetacular! Não tenho outra palavra para descrevê--la. Talvez divina ou majestosa. O mais difícil foi tentar ignorar as centenas de pessoas que rodeavam o local simplesmente para admirá-la. Posso imaginar a perplexidade e o orgulho dos habitantes da antiga Paris quando a fachada, com a Rosácea Oeste, os três portais – Portal de Sainte-Anne, Portal do Juízo Final e Portal da Virgem – e as duas torres foram concluídos.

A catedral vista de uma das pontes

Aproveitando que meus pensamentos começaram a recriar o passado, visitei a **Crypte Archeologique du Parvis Notre-Dame,** situada abaixo do átrio da catedral - www.crypte.paris.fr; das 10h às 18h; entrada: 5 euros; aceita o Paris Museum Pass. Em 1965, durante as escavações para a construção de um estacionamento, foram encontrados vestígios das ruínas de civilizações que habitaram a ilha. O local foi aberto ao público em 1980, e quem gosta de história vai se encantar com as recriações da construção de Paris e da catedral.

Em vez de enfrentar as gigantescas e descomunais filas para entrar ou subir às torres da catedral, decidi caminhar ao longo da ilha e observá-la de todos os ângulos. Um dos melhores locais para isso é uma praça localizada atrás da construção. O gramado convida a sentar e, próximo, algumas crianças brincavam de bater palmas – não via uma cena como essa havia muito tempo. Atualmente é raro encontrar interesse por brincadeiras antigas. Rapidamente meu baú mental de memórias se abriu e, lá no fundo, vagamente, surgiu a música: "Nós quatro, eu com ela, eu sem ela, nós por cima, nós por baixo..." Minhas irmãs me obrigavam a bater palmas durante horas nessa brincadeira. Continuei a andar, cantando a música e tentando descobrir anonimamente entre as crianças se havia uma versão francesa.

Catedral de Notre-Dame

Próximo da catedral está a **Pont Saint-Louis**, conexão entre a Île de la Cité e a Île Saint-Louis. Atravessei e cheguei à **Île Saint-Louis** – imediatamente percebi a diferença: não há carros nas ruas, pouquíssimas pessoas caminhando e um silêncio prazeroso. Segui pela rua central da ilha, a **Rue Saint-Louis en l'Île**. Todos os elementos citados, juntamente com as construções e fachadas, criam um ar de cidade pequena. Uma verdadeira delícia! Para acompanhar esse clima, nada melhor que um sorvete. É nessa rua que está a famosa sorveteria **Berthillon** – www.berthillon.fr –, admirada pelos sorvetes produzidos com produtos naturais, sem conservantes. Entretanto, só confirmei a informação: ela estava fechada. Por mais incrível que pareça, a Berthillon fecha suas portas no verão. De acordo com minhas pesquisas, a família que comanda o empreendimento sai de férias nessa época, assim como muitos franceses.

Felizmente, existem dezenas de estabelecimentos que vendem o produto. Na mesma rua encontrei outra sorveteria. Uma bela moça de olhos verdes e um lindo cabelo preto atendia e servia os ávidos consumidores da extensa fila. Eu fui um deles. Pedi de chocolate e caramelo. A textura é mais suave e o sabor bem encorpado, porém, em minha opinião, os sorvetes da Amorino são melhores. Mesmo com o sol forte, compensa a espera na fila. Preço: 2,50 euros.

No final da ilha atravessei a **Pont de Sully** para chegar ao **Institut du Monde Arabe** – www.imarabe.org –, uma construção que faz a junção entre a cultura árabe e a arquitetura moderna. As janelas quadradas, com design requintado, se fecham automaticamente de acordo com a incidência de luz. No Instituto há um museu permanente, exposições temporárias, salas de cinema e locais para prestigiar o trabalho de artistas de origem árabe.

Instituto do Mundo Árabe

Próximo do meio-dia, a minha opção de restaurante para almoçar já estava acertada. Retornei pelo mesmo caminho até chegar à Rue Saint-Louis en l'Île novamente. A **Crêperie Café Med Restaurant** chamou minha atenção pelos preços e pelo lugar aconchegante. Minha escolha foi o menu de 10,50 euros, que incluía uma entrada, prato principal e sobremesa. Entre as opções, pedi uma salada, uma massa com salmão e sorvete de chocolate. Como o preço era promocional, não foi aceito nenhum cartão para pagamento, somente dinheiro.

Após recuperar minhas forças com a excelente refeição, segui em direção aos obstáculos do dia: enfrentar as filas da Notre-Dame. A primeira foi para entrar na catedral. Como não é necessário pagar, essa foi incrivelmente rápida. Respondo antecipadamente à pergunta: sim, é um mar de pessoas. Foi o local mais repleto de turistas por metro quadrado que vi em minha viagem. Não posso afirmar em números, mas ganha do Museu do Louvre.

Ao entrar em igrejas com essa arquitetura, repletas de história e simbologia, minha primeira ação é admirar os vitrais. Sou completamente aficionado dessa arte. Na minha infância, passava horas observando a luz que entrava através deles, deixando as cores e as figuras completamente vivas. Se você é admirador dos "vidros coloridos", vai se encantar com a delicadeza e magnitude das rosáceas da catedral.

Contornei todo o interior observando a arquitetura e as obras de arte. Acendi uma vela e agradeci imensamente por estar ali naquele momento, em um local imerso em história, onde Napoleão foi coroado imperador em 1804 e Joana d'Arc foi beatificada em 1909. Três obras dignas de atenção: os painéis de madeira entalhada do século XIV representando temas bíblicos, uma maquete de madeira perfeita da catedral e a Pietá de Nicolas Coustou atrás do altar do coro.

Os vitrais da catedral

A entrada para visitar os tesouros da Notre-Dame custa 4 euros. Na área há relíquias religiosas, vestes e joias. Em uma das salas estão em exposição mantos e trajes utilizados em datas festivas, porém a ala dedicada às joias é a que mais encanta os turistas. Relicários, coroas, ostensórios, todos repletos de pedras preciosas. Uma das peças mais extraordinárias é o relicário desenhado por Viollet-le-Duc, o arquiteto responsável pela restauração da Notre-Dame. A base possui três figuras, que representam Santa Helena, São Luiz IX e o Imperador Balduíno II. Acima, uma forma circular menor que a base, cujas pilastras são doze estátuas que representam os apóstolos. Infelizmente, não é nesse belíssimo objeto que está a comentada coroa de espinhos. Originalmente, a relíquia estava na Sainte-Chapelle e depois foi transferida para a Notre-Dame. Atualmente, ela é exibida ao público somente na primeira sexta-feira de cada mês.

Saindo da catedral, virei à direita, onde está a entrada para as torres. O meu susto foi enorme. A maior fila que havia enfrentado tinha sido para entrar no Coliseu de Roma. Finalmente encontrei uma concorrente. Nesses momentos é que você observa, analisa, pensa novamente e a vontade de desistir é forte. Fiz uma promessa para minha mãe no dia anterior pelo telefone. Ao comentar que visitaria a Notre-Dame, ela rapidamente disse: "Não se esqueça de, quando chegar à torre, dar um oi para o Quasímodo por mim". Mais uma admiradora do Corcunda de Notre-Dame.

Tempo total de espera: 1 hora e 54 minutos. Para passar o tempo, iniciei uma conversa com duas moças do Texas/EUA. A regra da viagem das meninas: dois dias em cada cidade europeia, durante dois meses de viagem. Muito simpáticas, falamos sobre os países que fizeram parte do "roteiro feminino": Espanha, Itália, Holanda e Inglaterra eram alguns exemplos. Fiquei curioso e perguntei se o cansaço não era um empecilho. A resposta foi imediata: "É um imenso problema. Estamos exaustas!".

Próximo à entrada, percebi que os funcionários organizavam grupos de turistas para entrar. Cuidado: se você estiver acompanhado, preste atenção na hora da liberação. Algumas pessoas que estavam em grupo foram separadas nesse momento. Depois de passar pela bilheteria – é aceito o Paris Museum Pass –, a primeira parada é em uma loja de lembranças oficial. Depois, inicia-se a jornada de 387 degraus até o topo da Torre Sul. No site oficial da catedral, ao comentar sobre o número de degraus, há uma mensagem: *It's best to be in good shape* – é melhor estar em boa forma. Concordo plenamente! Porém, o que me incomoda realmente não são os degraus, mas sim aquelas claustrofóbicas escadas em espiral.

Alcancei a **Galeria das Quimeras**. Antes, uma explicação: gárgula é a parte final de uma calha, para escoar a água a certa distância da parede. Na Idade Média, eram ornadas com figuras humanas ou de animais. Quimera é uma escultura, que pode fazer uma miscelânea com partes de animais e figuras humanas, usada para ornamentação. As quimeras de Notre-Dame não fazem parte do projeto original. Viollet-le-Duc foi o responsável pela criação desses seres místicos que foram afixados no parapeito que contorna as torres da catedral. Várias lendas e histórias cercam essas esculturas. Duas das mais conhecidas dizem que elas podem criar vida durante a noite e que podem afugentar o demônio.

Quimeras da Notre-Dame

Observando atentamente, encontrei três figuras semelhantes aos personagens Victor, Laverne e Hugo, da animação do Corcunda da Disney. Uma forte inspiração! Como a lembrança surgiu, cumpri a promessa dada a minha mãe. Em uma abertura na torre, sussurrei: "Quasímodo, eu e minha mãe saudamos você". Desejei dizer mais algumas palavras, mas antes que alguém notasse e eu saísse diretamente para uma instituição para tratamento psicológico, concluí que fora o suficiente.

As pessoas na fila, ou as que saíam da catedral, pareciam insetos vistas do alto da torre. O número de "formigas" era impressionante e a fila já estava três vezes maior. Um funcionário indicou o caminho para subir mais degraus e chegar ao topo da torre. Alguns minutos depois eu fiquei encantado com uma das vistas mais bonitas da cidade. É o local ideal para uma noção perfeita da dimensão da igreja e os detalhes do teto, principalmente da agulha central, rodeada por estátuas de apóstolos.

É muito mais fácil descer do que subir e rapidamente eu já estava no solo novamente. Parei mais uma vez para contemplar a divina construção. Se a intenção do bispo Maurice de Sully era construir uma igreja que consolidasse a fé durante séculos e elevasse os olhos admirados dos seus fiéis, ele alcançou o seu objetivo com a catedral dedicada a Nossa Senhora (Notre-Dame).

Atravessei uma das pontes, andei pelo **Boulevard Saint-Michel** e virei na **Rue des Écoles** para encontrar a **Sorbonne** – www.paris-sorbonne.fr –, o nome mais influente do ensino francês. Foi fundada por Robert de Sorbon, confessor do rei Luís XV, para ensinar Teologia a estudantes pobres.

A renomada Sorbonne

Certamente essa foi a área mais tranquila que encontrei em Paris. Não havia muitos carros nem aquele caos desordenado dos turistas andando pelas ruas. Inclusive, um ar mais sério pairava entre os pedestres. Não sei se por causa da Sorbonne ou por outro motivo, mas o número de homens com terno e gravata era muito grande. E as mulheres? Uma ou outra caminhando, apressada, com sua bolsa a tiracolo. Praticamente outra cidade. Andando pela **Rue Saint-Jacques**, virei na **Rue Cujas**, até encontrar – o que não foi difícil – o **Panthéon**.

>>> ***Panthéon*** *– www.pantheonparis.com; das 10h às 18h; preço: 7,50 euros. Situado no Quartier Latin, o nome Panthéon significa, em grego, "todos os deuses". Foi construído entre os anos 1764 e 1790, inicialmente para*

ser uma igreja dedicada a Santa Genoveva. Depois foi convertido em mausoléu, dedicado a 80 nomes célebres, como Voltaire, Victor Hugo, Émile Zola, Léon Gambetta e Alexandre Dumas.

Interior do Panthéon

A localização é excelente, com diversas construções interessantes e um espaço aberto que evidencia ainda mais a beleza da construção. Um grande exemplo da arquitetura neoclássica, é visível a grande distância, com a frase em relevo gravada na fachada "*Aux grands hommes, la patrie reconnaissante*" – Aos grandes homens, a pátria reconhecida. Sustentando o frontão triangular, seis imensas colunas no estilo coríntio enriquecem a construção imponente.

Em minhas pesquisas, vi em diversas publicações que o interior do Panthéon é melancólico e sombrio. Ao entrar (aceita o Paris Museum Pass), a minha sensação foi inversa: uma paz incrível emana do local. É amplo, com colunas e teto esplendorosos e ornamentos bem trabalhados e distribuídos – o interior me surpreendeu mais que o exterior. O **Pêndulo de Foucault** (experiência realizada pelo físico francês Jean Bernard Léon Foucault para demonstrar a rotação da Terra) estava indisponível para visitação pública.

Naquele momento realmente era imprescindível beber algo forte para espantar a exaustão. Fui até a **Rue Soufflot** para continuar o roteiro e encontrar uma cafeteria. Foi nessa rua que encontrei a **Pomme de Pain** – www.pommedepain.fr –, onde sentei e pedi um café, um *cookie* de chocolate e uma torta *gâteau au chocolat*. Uma característica pessoal que a minha mãe não consegue entender: minha preferência por doces feitos com chocolate. Até experimento outros sabores – na vida, precisamos arriscar –, mas os de chocolate são minha paixão. Uma curiosidade: em Milão, na Itália, descobri uma sorveteria que faz sorvete de vários sabores utilizando massa de chocolate, à qual são misturadas frutas cristalizadas, menta, nozes, avelãs... são mais de 50 sabores. Depois que conheci o local – e passei horas no interior da loja –, realmente compreendi o que as crianças sentem ao entrar na fantástica fábrica de chocolate. Total gasto na Pomme de Pain: 6,60 euros.

Outra paixão em minha vida são parques e jardins (e é muito forte, pois está inclusive em meu sobrenome). Mas não foi isso que fez meu coração bater mais forte quando entrei nos **Jardins de Luxemburgo**. Fiquei encantado vendo crianças brincando com barcos nos lagos, senhoras lendo seus livros, jovens conversando, mulheres tomando sol sentadas nas cadeiras, em um jardim requintado, com estátuas entre as árvores, flores de cores vivas e patos nadando ao redor das embarcações.

Palácio de Luxemburgo

Maria de Médicis, viúva de Henrique IV, adquiriu de François de Luxembourg um grande terreno para construir um palácio longe do Louvre, na época moradia da monarquia. Ao seu arquiteto solicitou uma réplica do Palazzo Pitti (Florença/Itália), o que originou o **Palácio de Luxemburgo**. A rainha cuidou pessoalmente da concepção dos jardins, indicando quais árvores e plantas deveriam ser cultivadas nos canteiros simétricos e cuidadosamente planejados.

Crianças costumam brincar com barcos no lago do jardim

O local ideal para algo tipicamente francês: passear e descansar, de preferência deitado em um gramado, com diversos petiscos da culinária francesa. O **Musée du Luxembourg** – www.museeduluxembourg.fr – aumenta consideravelmente o prestígio do parque, com mostras artísticas estupendas. Fiquei satisfeito ao descobrir, antes da viagem, que o museu abrigaria a exposição temporária

"*Chagall: entre Guerre et Paix*" – Chagall: entre Guerra e Paz, de Marc Chagall, um dos pintores que admiro pela versatilidade e imaginação, pilares para a construção de suas telas, em que um mundo repleto de fantasias confronta a realidade. Preço da entrada: 11 euros.

A exposição retrata as visões do artista em suas representações sobre guerra e paz. O sofrimento humano, em uma mistura de cores vivas e alegres, demonstra os momentos difíceis vividos por Chagall, uma das vítimas de atos de guerra. Forçado a deixar a França durante a ascensão do nazismo, permaneceu exilado nos Estados Unidos. Minha obra favorita da mostra foi *La Danse* (1950-1952), que, coincidentemente, ilustrava o cartaz da exposição. Na loja de produtos comprei uma agenda (10 euros) e um espelho de bolsa muito bonito para minha mãe (6,40 euros).

O próximo objetivo do roteiro era uma igreja – **Église Saint-Sulpice** – cuja fama se elevou de forma surpreendente devido à menção em um best-seller mundial: o romance *O Código da Vinci*, de Dan Brown. A igreja teria sido o quartel-general do Priorado de Sião. Consagrada a São Sulpício, a igreja tem estilo italiano, com duas fileiras de colunas sobrepostas, com grandes arcos e duas torres altas.

>>>***Église Saint-Sulpice*** – *www.paroisse-saint-sulpice-paris.org. A construção teve início em 1646, com a primeira pedra colocada por Ana da Áustria. As obras duraram mais de um século, resultando em uma igreja simples, com duas torres nas extremidades, diferentes uma da outra. Três aspectos dão beleza ao local: o fantástico*

órgão de 20 metros de altura, de 1871; os afrescos Jacó e o anjo *e* Heliodoro expulso do templo, *trabalhos de Eugène Delacroix; e o gnômon de São Sulpício, um relógio solar que tem uma linha de latão incrustada no chão.*

O interior da Église Saint-Sulpice

O mais impressionante é o órgão de madeira escura e os tubos metálicos à vista. O trabalho das esculturas, que fazem parte do revestimento, é extraordinário, e a posição o valoriza como objeto único. Nas missas de domingo, as pessoas têm o privilégio de escutar a melodiosa música de um instrumento feito em 1862. Infelizmente, não fui uma delas.

A igreja está situada na **Place Saint-Sulpice**, onde se encontra a *Fontaine des Quatre Points Cardinaux* (Fonte dos Quatro Pontos Cardeais). A agitada **Rue Bonaparte** fica em frente, na qual segui até chegar ao charmoso bairro Saint Germain, que se desenvolveu ao redor da igreja de mesmo nome. Após a Segunda Guerra Mundial, o local se transformou em um centro intelectual e cultural. Jean-Paul Sartre, Simone de Beauvoir, Picasso, Rimbaud, Paul Verlaine, Saint-Exupéry, Ernest Hemingway e muitos outros filósofos, artistas, escritores e músicos frequentavam o bairro para se sentar em seus famosos cafés em busca de uma conversa amigável ou inspiração para seus trabalhos.

É o endereço de ícones franceses, como o **Les Deux Magots** - www.lesdeuxmagots.fr - e o **Café de Flore** - www.cafedeflore.fr. De ponto de encontro cultural se transformaram em atração turística, recebendo dezenas de pessoas todos os dias. Há uma extensa fila de espera e as mesas, quase grudadas umas às outras, são disputadas para tomar um café, fazer uma pausa ou fumar um cigarro.

>>> *Os franceses fumam exageradamente. Em todos os locais abertos você vai notar alguém com um cigarro. Os lugares fechados são respeitados, mas, ao sentar às mesas do lado de fora dos restaurantes, cafés ou lanchonetes, aguarde: provavelmente alguém vai fumar ao seu lado. E não adianta reclamar. Algumas vezes, as plataformas das estações de trem pareciam encobertas por uma neblina, mas o que causava o "fenômeno" era apenas fumaça de cigarro. Desconheço o motivo, mas o cheiro do cigarro francês é mais forte que o brasileiro. Para os fumantes: cigarro só é vendido em tabacarias e o preço do maço varia*

entre 6,50 e 8 euros. Por favor, não jogue fumaça no rosto das pessoas e coloque a bituca no lixo (ou em algum lugar próprio), pois alguns monumentos estão repletos de sujeira de cigarro.

Outro estabelecimento muito famoso da região é o **Le Relais de l'Entrecôte** – www.relaisentrecote.fr –, que serve apenas um prato: bife com molho e batatas fritas. Simples? O sucesso provém da simplicidade. A fila para entrar no restaurante era maior que em muitos monumentos franceses. Para uma harmonização perfeita com o prato, o local não tem absolutamente nada de extravagante em sua decoração. Um toldo vermelho na fachada e garçonetes com uniforme preto e branco dão charme ao local. Não sou muito adepto de carne vermelha, e, observando as dezenas de pessoas aguardando para entrar, a vontade para degustar o prato desapareceu.

Decidi caminhar pelo bairro, em vez de ficar em pé em uma fila, sem nenhum arrependimento. O **Quartier Saint-Germain des Prés** e o **Quartier Latin** se misturam, proporcionando muitas surpresas, repletas de vida e cores. Cafés, galerias de arte, livrarias e dezenas de lojinhas unem-se umas às outras em um grande presente para os turistas.

As grandes vias públicas – **Boulevard Saint-Germain** e **Boulevard Saint-Michel** – proporcionam agitação e uma infinidade de opções para compras e diversão. Não resisti e comprei algumas lembranças para amigos e familiares, inclusive para o meu cachorro, que ganhou uma elegante coleira com a bandeira francesa bordada. Total gasto com as lembranças: 17,30 euros.

Contornei toda a extensão da área e, sem perceber, cheguei à **Pont des Arts**, que liga a **Place de l'Institut** ao Museu do Louvre. Ao atravessar a ponte, presenciei alguns casais realizando o "ritual do amor": eles escrevem seus nomes em um cadeado e, juntos, o colocam e fecham nas grades da ponte, jogando a chave no Rio Sena. Veja o resultado dessa prova de amor.

Cadeados afixados na Pont des Arts

Vários vendedores oferecem cadeados (2 euros o pequeno, 3 euros o médio e 5 euros o grande) e canetas com tinta que não desaparece com o tempo – frase repetida diversas vezes – para os casais que esqueceram de trazer o seu e não querem dispensar o ritual. Confesso: comprei um e, como estou solteiro, escrevi o meu nome. Amor próprio também é válido! Há duas chaves: uma eu joguei no Sena e a outra eu guardei. No futuro, caso eu encontre um grande amor, volto a Paris e faço a troca dos cadeados.

Ao lado, outra ponte, uma das mais conhecidas de Paris: a **Pont Neuf** (Ponte Nova), que, apesar do nome, é a mais antiga da cidade e foi inaugurada por Henrique IV. A Pont Neuf teve sucesso imediato na época de sua construção, pois não há casas nos dois lados, o que proporciona vista total do Rio Sena. Ela tem doze arcos, cinco de um lado e sete do outro, sendo uma das ligações entre as duas margens mais movimentadas e visitadas pelos turistas.

Um dos momentos mais bonitos do dia é a hora do pôr do sol. Sou completamente apaixonado pela cor dourada que atinge todas as construções. Tudo se torna esplêndido, quando apenas o topo dos monumentos, ou parte deles, é banhado pela "luz de ouro". Algo que sempre me fascinou desde criança, quando ficava nas pontas dos pés tentando alcançar a janela, a fim de que o restante de luz tocasse minha mão para fazer objetos de sombras nas paredes.

Paris é esplendorosa em qualquer horário do dia. Ao entardecer, principalmente quando as luzes começam a acender, o coração começa a bater mais forte – dá para entender por que a cidade é amada e idolatrada há séculos. De repente, percebi que poderia perder um espetáculo. Caminhei apressadamente para a Catedral de Notre-Dame, e eu não estava errado: uma imagem inesquecível. Os raios de sol conseguiam deixá-la mais imponente, revelando detalhes não perceptíveis na primeira visita.

Notre-Dame e os últimos raios de sol do dia

Depois de admirar o belíssimo pôr do sol, segui em direção a uma das pontes para chegar à outra margem e entrar na estação de metrô. Exatamente na metade da ponte, fiquei encantado com a imagem: o sol desaparecendo, as construções tomadas pela sombra, a luz refletida no Rio Sena e os barcos navegando lentamente pelas águas.

Ao me debruçar para contemplar a beleza da cena, um saxofonista começou a tocar uma melodia, enriquecendo mais ainda o momento. Levantei a mão para sentir os últimos raios de sol e fazer sombra nos pequenos tijolos da ponte. Meu rosto corou, meus dedos ficaram quentes e chorei pela primeira vez, sem nenhuma vergonha de expressar minha emoção.

Magnífico pôr do sol visto do Rio Sena

GASTOS

Café McDonald's: 1 euro
Sanduíche de queijo – *boulangerie*: 3 euros
Almoço: 10,50 euros
Sorvete – Berthillon: 2,50 euros
Entrada – tesouros da Notre-Dame: 4 euros
Lanche da tarde: 6,60 euros
Entrada - exposição Chagall: 11 euros
Lembranças - exposição Chagall: 16,40 euros
Lembranças - bairro Saint-Germain de Prés: 17,30 euros
Cadeado - Pont des Arts: 2 euros
Tabacaria - cartão telefônico: 7,50 euros
Jantar - menu do Subway (sanduíche e refrigerante): 7,40 euros
Banho: 2,50 euros
Diária do hotel: 58 euros
TOTAL: 149,70 euros

6º DIA - ROTEIRO 5 - MUSEU DO LOUVRE

Um bom planejamento pode evitar imprevistos e gerar economia nos gastos. O roteiro de uma viagem está sempre sujeito a mudanças – a programação pode ser alterada a qualquer momento. No dia da chegada, como comentei, prefiro fazer o reconhecimento da área onde estou hospedado. Como meus amigos de Roma foram a Paris, cheguei à cidade e fui acompanhá-los na visita ao Museu do Louvre, mudando a programação (visita programada para o roteiro de hoje).

O Museu d'Orsay estava previsto para o meu segundo dia em Paris, no Roteiro 1 – Torre Eiffel. Como visitei o Louvre no dia da chegada, retirei o d'Orsay do segundo dia e o inseri no roteiro de hoje e, se sobrasse tempo, iria ao Louvre novamente.

Então, o Roteiro 5 – Museu do Louvre – ficou definido como: Museu d'Orsay, Jardin des Tuileries, Musée de l'Orangerie, Place de la Concorde, Place de la Madeleine, Pinacoteca de Paris, as grandes lojas de departamento Printemps e Galerias Lafayette e a segunda visita ao Museu do Louvre.

Minha primeira refeição do dia (café do McDonald's – 1 euro) tornou-se muito agradável depois que iniciei a amizade com a senhora da *boulangerie*, que não me deixava mais comprar sanduíches da vitrine, somente os preparados na hora, o que era um bom motivo para uma longa conversa. Hoje, enquanto distribuía fatias de queijo e de presunto em uma bela e crocante baguete (escolhida com esmero em uma cesta repleta de pães), relatou diversos fatos históricos sobre a cidade e o seu amor pela França.

Seu interesse sobre meus dias na cidade era visível. Perguntava sobre o que eu já havia conhecido, como estavam os monumentos que ela não via fazia tempo e se as praças ainda estavam repletas de flores. Extremamente delicada, a senhora da *boulangerie* era o "açúcar" do meu café da manhã. E acredito que foi recíproco, porque os sanduíches ficavam cada vez mais recheados e saborosos! Sanduíche: 3 euros.

Entrei na estação de metrô e, enquanto aguardava, observei as pessoas. É algo que realmente gosto de fazer quando estou sozinho. Aprecio ver como elas se vestem, como arrumam os cabelos e a mistura de estilos e etnias. Reparei em um rapaz que vestia pijamas, com sapatos azul-turquesa e sem meias. Seu cabelo era extremamente liso e comprido apenas do lado direito, e os braços eram completamente tatuados. Lendo a descrição, pode-se deduzir que o resultado era algo de muito mau gosto, não é? Pelo contrário: o conjunto era harmônico e o estilo combinava perfeitamente com a pessoa. Uma das complexidades da diversidade! Coisas e pessoas diversas que se completam, formando algo inusitado que, após uma análise, torna-se parte essencial do conjunto. Todos os passageiros desceram na **Solférino**, ao lado do **Musée d'Orsay**.

>>> ***Musée d'Orsay*** *– www.musee-orsay.fr; terça a domingo, das 9h às 18h, quinta até 21h45); fechado às segundas-feiras; preço: 9 euros; aceita o Paris Museum Pass. A estação ferroviária Gare d'Orsay, uma das maiores de Paris, abriga hoje um dos museus mais deslumbrantes da cidade. Desativada por mais*

de 40 anos e condenada à demolição, foi reconstruída e, em 1986, o Musée d'Orsay abriu suas portas. Grande parte da arquitetura projetada por Victor Laloux foi preservada, principalmente a deslumbrante fachada histórica. O museu abriga obras produzidas entre 1840 e 1914. Há várias salas com esculturas e pinturas de artistas como Monet, Renoir, Degas, Cézanne, Van Gogh, Matisse e Pissaro.

No interior do museu o impacto visual é descomunal. Vou fazer um comentário que poderá deixar os mais conservadores indignados: apreciei mais a visita ao d'Orsay do que ao Louvre. Algumas considerações: o d'Orsay é um museu mais compacto e fácil de visitar em meio dia; há uma quantidade razoável de obras em comparação com o número gigantesco de peças do Louvre; a distribuição nos espaços é mais elaborada e prática; apesar da suntuosidade do Louvre, o d'Orsay é mais requintado e sofisticado; a luz natural através das claraboias proporciona um efeito incrível nas obras; as pinturas de alguns dos meus artistas preferidos estão lá: Renoir, Degas, Monet e o magnífico Vincent van Gogh; e os grandes relógios nas paredes são deslumbrantes!

No térreo, a visita começa na **Ala Central das Esculturas**, com pinturas e arte decorativa. É impossível separar a estrutura do museu das peças de arte. Um complementa o outro, em uma riqueza de detalhes e beleza inesquecíveis. Uma peculiaridade: o museu não é repleto de turistas como os outros. Há uma quantidade razoável de pessoas circulando, mas sem aglomeração perto das obras.

Relógio do Musée d'Orsay

As áreas mais atrativas para os visitantes são as dos impressionistas e pós-impressionistas. Na primeira, localizada no segundo andar, há salas com obras de Vincent van Gogh e Gauguin. As pinturas *Retrato de Dr. Gachet – 2ª versão*, *Autorretrato* e *A Igreja de Auvers*, de Van Gogh, estão em destaque na exposição. As obras dos impressionistas estão no quinto andar. O movimento ocorrido entre 1860 e 1900 está representado por artistas como Manet, Monet, Renoir, Degas e Cézanne.

Finalizando a visita às obras dos impressionistas, fui conferir o **Café Campana**. Idealizado pelos reconhecidos designers brasileiros, os irmãos Campana criaram um local agradável e elegante, com peças arrojadas. Infelizmente, qualquer objeto é ofuscado pelo grande relógio que existe no espaço. O local é passagem para o terraço, onde, como em qualquer lugar alto e com abertura na cidade, há uma vista maravilhosa de Paris. Preços do Café Campana – café: 2,60 euros; cappuccino: 4,90 euros.

Com ótimas recomendações em vários sites e revistas, decidi almoçar no restaurante do museu, muito requintado e bem decorado. Pedi o menu do dia (16,50 euros), formado por prato principal e sobremesa. Atendimento perfeito, sem demora e garçom muito atencioso. Batatas, *champignons*, molho e um belo pedaço de salmão compunham meu prato. Foi uma das melhores refeições que fiz em Paris.

Restaurante no interior do Musée d'Orsay

Depois de escolher a sobremesa – *brownie* com creme de baunilha e pistache –, observei uma senhora oriental sentada à minha frente. O garçom a serviu e, por alguns minutos, ela apreciou o doce. Acredito ser um costume dos orientais, pois percebi esse fato em diversos lugares. Eles admiram a comida antes de comer. Observam o prato por todos os ângulos e sentem o aroma. Em seguida, a senhora pegou o garfo e levou à boca um pedaço de brownie. Não esqueço a sua expressão: ela franziu a testa, tremeu o corpo e deu um largo sorriso.

Quando minha sobremesa chegou, segui o mesmo ritual: apreciei o formato do doce, os ingredientes salpicados, a posição do creme de baunilha no prato e senti o aroma do chocolate quente. Peguei o garfo, cortei um pedaço lentamente, passei-o no creme de baunilha e o levei à boca. Entendi perfeitamente a reação daquela senhora!

A sobremesa ao lado do meu desenho do quadro
A Igreja de Auvers, de Van Gogh

O museu entrou para a minha lista de locais obrigatórios para visitação na cidade. O complexo é impressionante, os funcionários são simpáticos e educados, as obras de arte são belíssimas, o local é limpo e arejado e o restaurante é excepcional – ou seja, se no meu roteiro houvesse espaço apenas para um museu, a escolha seria o d'Orsay, sem hesitar.

Terminando a visita, atravessei uma das pontes para chegar ao **Jardin des Tuileries**, um parque concebido pelo arquiteto André Le Nôtre, o mesmo que projetou os jardins de Versalhes. Com um espaço simétrico e um eixo central, o jardim está localizado entre a Place de la Concorde e o Arc de Triomphe du Carrousel. É utilizado pelos parisienses para passear e, principalmente, para tomar sol. É nesse local que está o **Musée de l'Orangerie**, uma das visitas do dia. Ao chegar, um imprevisto: o museu estava fechado devido à falta de energia elétrica. A previsão para a solução do problema era de um dia, por isso deixei para visitá-lo em outro momento.

Em frente ao Musée de l'Orangerie está a **Place de la Concorde**, a maior praça de Paris, separando o Jardin des Tuileries da Avenue des Champs Élysées. Construída entre 1754 e 1763, foi concebida para abrigar uma estátua equestre de Luís XV. Ironicamente, o local foi o cenário de muitas execuções durante a Revolução Francesa. A estátua do rei foi retirada e a praça rebatizada com o nome de Praça da Revolução. No centro estava instalada a guilhotina que executou centenas de pessoas, entre elas Luís XVI e Maria Antonieta.

Com o fim da Revolução, a praça recebeu o nome de Place de la Concorde. Atualmente, no local do monumento ao rei há o **Obelisco de Luxor**, um monolito de granito rosa com 22,83 metros de altura, presente oferecido pelo vice-rei do Egito e instalado na praça em 1836. Junto com o artefato egípcio, oito estátuas representam cidades francesas e duas magníficas fontes de bronze (**Fontaine de Mers** - Fonte dos Mares e **Fontaine des Fleuves** - Fonte dos Rios) completam a decoração do espaço, onde foram realizadas diversas mudanças para omitir o seu passado sangrento.

Meu próximo objetivo é a **Rue Royale**, com edifícios que mantiveram sua concepção original. É uma rua pequena em extensão, mas com muita história. Observando as vitrines, encontrei uma das lojas icônicas francesas: a **Ladurée** – www.laduree.com.

Ladurée da Rue Royale

Coincidência? Não! Escolhi esse endereço para provar os celebrados *macarons* da marca, pois foi nesse local, em 1862, que Louis-Ernest Ladurée abriu a sua padaria. Nove anos depois seu negócio foi incendiado e Louis-Ernest montou uma *pâtisserie* no mesmo lugar, decorada com pinturas de Jules Chéret, artista que criou os querubins vestidos de doceiros, símbolos da Ladurée. O interessante é que o *macaron* não é de origem francesa, mas sim italiana. No século XVI, Catarina de Médici mudou-se para a França e levou a receita do "doce da rainha", como era chamado. Em 1930, Pierre Desfontaines, o *chef pâtissier* da Ladurée, aprimorou a receita e uniu duas unidades com ganache. Assim foi criado o doce mais desejado da *maison*.

Comprei dois: um de chocolate (não poderia faltar) e um de caramelo de flor de sal – preço: 3,70 euros. São realmente deliciosos, principalmente o de caramelo. Agora, comparando com os da La Grande Épicerie de Paris (comprei quatro por 2,42 euros): a textura e o sabor são praticamente iguais, mas o de chocolate da Épicerie venceu a disputa gastronômica com louvor. Preço: Ladurée: 1,85 euro cada um; Épicerie: 0,60 cada um e são maiores. Depois de provar os *macarons*, fui até a **Église de Sainte-Marie Madeleine.**

>>> ***Église de Sainte-Marie Madeleine*** *– www.eglise-lamadeleine.com; todos os dias, das 9h30 às 19h. Localizada na Place de la Madeleine, a igreja se destaca pela arquitetura em estilo grego clássico. Com várias propostas para utilização, o edifício foi consagrado em 1842 como a Igreja de Santa Maria Madalena.*

Rodeada por 52 colunas coríntias de 20 metros de altura, a construção se assemelha mais a um templo grego do que a uma igreja. O imponente frontão tem um relevo de Lemaire, representando o Juízo Final. Mas o grande tesouro desse monumento é o seu interior. A iluminação em pontos estratégicos ressalta a beleza das esculturas, pinturas e a decoração em meio à escuridão do espaço.

Église de Sainte-Marie Madeleine, conhecida como La Madeleine

Composta por apenas uma nave e três cúpulas, que deixam fachos de luz cortar a penumbra pelas aberturas no centro, a igreja tem, acima do altar-mor, uma magnífica estátua de Charles Marochetti representando Santa Maria Madalena exaltada por anjos. Durante minhas pesquisas, fiquei encantado pelo interior dessa igreja e reservei um período maior para apreciá-la. Sentei-me em uma das cadeiras e observei-a do teto ao chão. Uma excelente dica!

Santa Maria Madalena exaltada por anjos

Próximo à Place de la Madeleine há outra *pâtisserie* de luxo, a **Fauchon** - www.fauchon.com. É uma loja requintada, moderna, outro ícone francês. Aberta no mesmo endereço por Auguste Fauchon em 1886, os doces hipnotizam qualquer um que ouse olhar rapidamente a vitrine, em tons de rosa e preto. Diferente da conservadora Ladurée, a Fauchon explode em cores e nos formatos variados dos seus produtos. Não resisti, entrei naquele mundo mágico e compreendi o motivo pelo qual algumas pessoas entram em êxtase e compram desesperadamente. Os potes de geleia, os pães, as tortas, os caramelos... Confesso que quase entrei em colapso. Fechei os olhos, respirei fundo e analisei os produtos para escolher apenas um.

A especialidade da casa são as célebres *éclairs* e os meus olhos vibraram quando encontrei uma de nozes, a vitoriosa em meio a dezenas de delícias deslumbrantes. Chamei a atendente e pedi uma. Ah, a primeira mordida... A massa fininha, com recheio abundante, inunda o paladar, fazendo o cérebro piscar a palavra "felicidade" entre os neurônios, em tons de rosa fluorescente, como as lâmpadas da loja. Saí da loja e, na calçada, pensei em voltar e comprar todo o estoque. Viciante! Preço da *éclair*: 7 euros.

Antes de continuar, um adendo: na adolescência, ganhei um livro de crônicas de uma grande amiga. O conteúdo era excelente, mas fiquei impressionado com a capa. A ilustração era com mulheres, entre formas quadradas e flores de cores vivas, misturando erotismo e sensualidade sem nenhum toque de vulgaridade. A representação real de uma paixão fervorosa. Na descrição técnica do livro, mencionava-se que a ilustração era um quadro de Tamara de Lempicka. Iniciei uma paixão pela pintora e estudei muito sobre sua técnica, traços e biografia, mas nunca houve a oportunidade de ver uma exposição ou um quadro da rainha da *art déco*. Você deve estar se perguntando: por que ele está contando isso? Simples: para provar como é importante buscar informações sobre o que vai ocorrer na cidade durante sua viagem.

No meu caso, procurando eventos na capital da França, descobri uma exposição de Tamara na **Pinacothèque de Paris** – www.pinacotheque.com, uma excelente chance de apreciar a reunião dos trabalhos da artista. A Pinacoteca, como a Fauchon, fica próximo da Place de la

Madeleine, muito fácil de encontrar. O ingresso custou 12 euros e recebi um folheto com biografia e descrição de todos os quadros em exibição.

Cartaz da exposição na Pinacothèque de Paris

Ao entrar, um espanto: naquele momento eu era o único visitante da exposição! Depois de percorrer lentamente alguns corredores, observando minuciosamente os quadros, encontrei duas senhoras francesas comentando sobre um dos trabalhos mais conhecidos da artista, o *L'écharpe bleue*, de 1930. Realmente, algo que recebi com êxtase: admirar um trabalho magnífico, sem nenhuma aglomeração. O silêncio das salas era acolhedor, colaborando para uma observação sem interrupção. Na loja, comprei um livro biográfico da pintora e suas obras, o que no Brasil é praticamente impossível encontrar. Preço: 11,10 euros.

Diferente do interior da Pinacoteca, ao sair uma multidão tomava conta de todos os espaços nas ruas. Algo completamente justificável, pois estava na área de duas grandes e famosas lojas de departamentos parisienses: a **Printemps** – www.printemps.com – e as **Galerias Lafayette** – www.galerieslafayette.com –, templos da moda e do consumo.

Interior das Galerias Lafayette

Uma brasileira pediu, gentilmente, que eu tirasse uma foto sua com a mãe no interior das Galerias Lafayette, e resumiu perfeitamente o local: "É um lugar sofisticado, chique e lindíssimo, com uma arquitetura de deixar os olhos arregalados. O que é essa abóbada?! E os detalhes dourados nas grades dos andares? Parece um palácio. Mas estou aqui pelo mesmo motivo que me levou à Torre Eiffel: conhecer. Você viu os preços? Com o valor de uma bolsa em promoção posso ficar uma semana em Paris. Não dá para comprar nem uma lembrança. Entendo que aqui estão as grifes mais famosas e badaladas, mas para mim é um mundo completamente distante das minhas condições financeiras". Concordei plenamente!

Minha visita à Printemps era mais específica. Entrei na loja e procurei a *pâtisserie* **Pouchkine** – www.cafe-pouchkine.fr –, de origem russa, onde são fabricados, como são conhecidos, os "doces joias". Localizada no térreo, em um espaço pequeno e luxuoso, tem uma decoração inspirada na Rússia dos czares. Definitivamente foi uma das vitrines mais lindas que eu já vi. Os produtos são verdadeiras obras de arte, porém os preços obrigam você a ser comedido – escolhi o clássico mil-folhas e um café. Preço: 13 euros (café: 3,50 euros; mil-folhas: 9,50 euros).

Depois da explosão calórica que consumi e com meu roteiro praticamente concluído, caminhei até o Museu do Louvre para visitá-lo novamente. Deixei de ver algumas peças importantes, já que na primeira vez, encantado com o local, dediquei muito tempo para algumas áreas, algo de que não me arrependo. Ratifico: se você for alguém extremamente organizado, vá ao Louvre com um roteiro de suas principais intenções. Assim, você não sairá com a sensação de que deixou de ver algo. Mas uma visita sem pretensões também é válida, deixando-se levar pelo fluxo ou simplesmente se perdendo entre os corredores, admirando as obras e a arquitetura do museu e, de repente, se espantar por estar ao lado da Mona Lisa.

Segunda surpresa do dia: cheguei e não havia filas. Em comparação com a primeira visita, o movimento era quase inexistente. Usei o Paris Museum Pass para entrar e consegui visualizar melhor o local que inclui a entrada, lojas e outros pontos que ficam completamente escondidos pela aglomeração. Uma façanha praticamente impossível: tirei uma foto da Pirâmide Invertida sem nenhum turista ao redor.

Parte da Pirâmide Invertida

Como meus objetivos já estavam definidos, não desperdicei muito tempo (se é que posso dizer que algum momento no Louvre é desperdício) e fui direto para a nova ala da **Arte Islâmica**. Juntamente com as pirâmides de I. M. Pei, a área construída mistura a modernidade com séculos de tradição do museu.

Projeto do arquiteto italiano Mario Bellini e do francês Ruddy Ricciotti, a construção tem um telhado de metal em tons de dourado, dando a impressão de flutuar no espaço do pátio histórico da Cour Visconti. A sensação de leveza proporcionada pelas ondulações, sustentadas por paredes de vidro propositalmente inseridas, confirma a intenção dos arquitetos sobre as referências a tapetes voadores e véus islâmicos.

O acervo já fazia parte do museu, mas na nova ala teve mais destaque. Originárias de países da Europa e da Ásia, as cerca de três mil peças foram divididas em dois andares, compreendendo um período histórico acima de mil anos. O museu é pequeno e tem design arrojado, concebido no interior de outro museu com proporções imensas. Apesar de a cultura islâmica ser pouco difundida entre nós, vale conhecer a arquitetura e as obras do museu.

Os detalhes da arquitetura fazem do museu uma grande obra de arte

Mantendo o foco da visita, segui para a área das Antiguidades Orientais a fim de encontrar um famoso monumento monolítico, em rocha de diorito negro: o **Código de Hamurábi**. Encontrado em Susa, atual Irã, em 1901, contém 282 leis que o rei Hamurábi (soberano que unificou as cidades da Baixa Mesopotâmia e da Alta Mesopotâmia, fundando o reino da Babilônia) reuniu – o código estabelecia regras de princípios éticos e de propriedade. O monumento tem 2,25 metros de altura, coberto com texto de escrita cuneiforme. No alto, uma representação do rei recebe as leis descritas do deus Samash.

Código de Hamurábi

Após cumprir as minhas "obrigações", guardei o roteiro na bolsa, coloquei meus fones de ouvido (o barulho produzido pelos turistas no interior do museu pode ser insuportável) e deixei-me levar, sem olhar para placas indicativas ou qualquer outro fator que demonstrasse uma direção a seguir. Caminhei ao som de *Porcelain*, do cantor, músico e DJ Moby, perfeita para o momento.

Antiguidades gregas, etruscas e romanas; Louvre medieval; antiguidades egípcias; esculturas; os magníficos apartamentos de Napoleão III e uma atenção especial ao grande corredor das pinturas. Deixei o Louvre, que inundou a minha imaginação por muitos anos. Eu poderia visitá-lo mais vezes para conhecer atentamente outra parte do museu, mas já estava com a sensação de dever cumprido.

Então, para fechar o circuito de locais ícones que engordam só de olhar, fui em direção à Rue de Rivoli para conhecer a casa de chá **Angelina** – www.angelina-paris.fr – e, como eu imaginava, a fila estava imensa. Como era o último lugar para eu visitar no dia, não me incomodei e aguardei para experimentar uma das especialidades da casa. Na fila, uma agradável surpresa: conheci uma senhora francesa, com quem iniciei uma conversa deliciosa. Quando chegou minha vez de entrar no salão, convidei a simples, porém extremamente elegante Sra. Martina para sentar-se comigo, já que ela estava só.

O salão do Angelina é sofisticado, mas as mesas são muito próximas umas das outras. A impressão que se tem é que o cliente ao lado está sentado com você. Enquanto o diálogo com a Sra. Martina se desenvolvia de uma forma alegre e contagiante, pedi ao atendente os dois produtos mais famosos do local: o chocolate quente Africano (7,90 euros) e o doce Mont Blanc (8,80 euros).

Alguns produtos, principalmente da gastronomia, carregam enorme valor agregado devido a sua grande exposição. Isso gera ansiedade em prová-los, o que pode ocasionar um resultado positivo ou uma decepção. Confesso que as iguarias do Angelina não me causaram grande entusiasmo. Em relação ao chocolate quente, já provei outros bem melhores. O da minha mãe, com canela e especiarias, por exemplo, vence facilmente a disputa. O doce é bom, mas eu não pediria novamente se voltasse ao local. É recheado com chantili, coberto com creme de castanhas portuguesas. Certamente há outros muito melhores e mais saborosos na vitrine. Depois de provar as delícias das lojas Ladurée, Fauchon e Pouchkine, devo dizer que o Mont Blanc não me empolgou. Degustei primeiro o doce e depois o chocolate, para um não influenciar o sabor do outro.

Meu itinerário gastronômico foi um dos temas da conversa com a Sra. Martina, que concordou comigo a respeito das outras lojas. Ela não provou nenhum doce, somente uma xícara de chá, enquanto eu me sentia completamente culpado por causa da grande quantidade de açúcar ingerido no dia.

Depois de me despedir daquela senhora extremamente agradável, decidi não entrar na estação de metrô mais próxima e continuei caminhando. Poderia mencionar que eu gostaria de admirar Paris à noite e o início da iluminação das casas, prédios e monumentos. Mas o verdadeiro motivo era a ilusão de queimar parte das calorias consumidas, prometendo que não comeria doces pelos próximos dez anos (promessa quebrada no dia seguinte).

As primeiras luzes acesas dos prédios

GASTOS

Café McDonald's: 1 euro
Sanduíche de queijo e presunto – *boulangerie*: 3 euros
Almoço: 16,50 euros
Ladurée: 3,70 euros
Fauchon: 7 euros
Entrada – exposição Tamara de Lempicka: 12 euros
Livro da exposição: 11,10 euros
Pouchkine: 13 euros
Angelina: 16,70 euros
Banho: 2,50 euros
Diária do hotel: 58 euros
TOTAL: 144,50 euros

7º DIA - ROTEIRO 6 - ARCO DO TRIUNFO

Nesse dia fiz algo diferente: tomei meu café da manhã em outra cafeteria, perto do hotel. Novas experiências! Pedi um *croissant* de amêndoas (4 euros) e um cappuccino (3 euros) e me sentei a uma das mesas ao ar livre. Assisti a muitos filmes tendo Paris como cenário, em que o protagonista faz o mesmo: observa a cidade e as pessoas, que caminham apressadas. Não me preocupei com o tempo e muito menos com o roteiro.

As análises que costumo fazer foram deixadas de lado e minha mente ficou tranquila, sem pensamentos. Um gole de cappuccino, uma mordida no *croissant*, um casal conversando, um senhor passando com uma baguete, o garçom atendendo a moça que acabara de sentar. Com todas as energias voltadas para conhecer a cidade e cumprir o roteiro, é importante parar por um período, observar ao redor e refletir, com imenso prazer, sobre a viagem! Essa é uma das grandes diferenças entre *visitar* e *conhecer* uma cidade.

Depois do café, peguei o metrô e desci na estação **Charles de Gaulle-Étoile**, para iniciar o itinerário do dia: Arco do Triunfo, Av. des Champs-Élysées, Grand Palais, Petit Palais, Pont de l'Alma e Pont Alexandre III. Um roteiro mais enxuto, com poucos monumentos, deixando um período maior para apreciar a Champs-Élysées. Subindo as escadas da estação, o **Arco do Triunfo** emergiu esplêndido.

>>> ***Arco do Triunfo*** *– das 10h às 22h30; preço: 9,50 euros; aceita o Paris Museum Pass. Localizado no centro da Place Charles de Gaulle (conhecida também como*

Place de l'Étoile), foi construído por ordem de Napoleão Bonaparte, que não viveu o suficiente para vê-lo pronto. A obra foi concluída em 1836, e a intenção de Napoleão com o monumento era celebrar as suas vitórias e as do seu exército. Em sua base encontra-se o Túmulo do Soldado Desconhecido, com o corpo de um combatente da Primeira Guerra Mundial que repousa no monumento desde 1920.

O Arco situa-se na maior rotatória do mundo e a entrada para a atração é um túnel subterrâneo que está no início da Av. des Champs-Élysées. Não atravesse a rua até o monumento, um risco completamente desnecessário. Os ingressos para a plataforma de observação são vendidos em uma bilheteria no final da passagem. Apesar de aceitar o Paris Museum Pass, fui obrigado a comprar o ingresso. Meu passe tinha validade de seis dias, vencida no dia anterior. Preço: 9,50 euros.

Entrada do túnel que leva ao Arco do Triunfo

Com sua imponência, o monumento superou minhas expectativas. Apesar de o trânsito ser caótico, com centenas de veículos e motos circulando ao redor, é possível observar atentamente os detalhes, principalmente os 558 nomes de generais e as 128 batalhas, gravados em toda a extensão do interior. Enquanto estiver com os olhos para cima, admirando as belas figuras entalhadas, cuidado para não passar pelo **Túmulo do Soldado Desconhecido** sem perceber. Flores e uma chama memorial celebram o símbolo de patriotismo, com a inscrição "*Ici repose um soldat français mort pour la Patrie*" – Aqui jaz um soldado francês que morreu pela pátria.

Arco do Triunfo

Enquanto tirava fotos, uma loira lindíssima e elegante, acompanhada do marido e dos dois filhos adolescentes que compartilhavam a beleza com a mãe, disse em inglês, com um sorriso: "Olá, nos encontramos novamente. Creio que estamos seguindo um ao outro". Lembrei vagamente de tê-los visto nos Jardins de Luxemburgo e ela confirmou a informação, acrescentando encontros no Museu Rodin, Museu do Louvre, Museu d'Orsay e na Catedral de Notre-Dame.

Percebendo minha reação, ela explicou que estava próximo quando me viu pela primeira vez no Museu Rodin, enquanto eu desenhava a escultura *O Pensador*. Na Notre-Dame ela me encontrou desenhando as gárgulas e comentou com o marido: "Olha, o desenhista novamente". Assim, gravou minha fisionomia. Perguntei qual seria o local que iriam visitar no dia seguinte, mais uma coincidência: o Palácio de Versalhes. A fim de comemorar todos os encontros, marcamos um café no Angelina às 14h.

Para subir ao topo do Arco, uma fila, coordenada por uma senhora extremamente séria, movia-se rapidamente. Ao término das escadas – vencidas com muito fôlego –, um museu conta a história do monumento. Mas a grande atração é a vista da plataforma, onde se observa o início das doze grandes avenidas de Paris. Por esse motivo, o local também é conhecido como **Place de l'Étoile**, pois o encontro das avenidas, juntamente com a praça, forma uma estrela (*étoile*).

As avenidas que partem do Arco do Triunfo

Apesar de visitar vários lugares com vistas incríveis de Paris, a do Arco do Triunfo é uma das que se destacam, pois a construção não é alta como as outras atrações, com ênfase na profundidade que as grandes avenidas proporcionam. Do alto, são visíveis os modernos prédios de **La Défense** – maior centro financeiro da cidade –, a Basílica de Sacré-Coeur, a Torre Eiffel e toda a extensão da Av. des Champs-Élysées, até o seu final, na Place de la Concorde.

Vista da Champs-Élysées

Não desça apressadamente as escadas em espiral. Corre-se o risco de ter tontura e passar mal por causa das voltas circulares. Na saída, observando a área por mais alguns momentos, encontrei a família americana novamente. Ela, muito simpática, pegou minha câmera e disse: "Você precisa de uma foto aqui!". Retribuí o gesto, tirando uma foto da família reunida e o Arco ao fundo. Confirmamos nosso encontro para o dia seguinte e nos despedimos.

Os detalhes do Arco do Triunfo

Na minha frente estava uma das avenidas mais prestigiadas do mundo e um dos símbolos máximos da cidade: a **Champs-Élysées**, conhecida na França como

"*La plus belle avenue du monde*" – A avenida mais bela do mundo. O nome Campos Elíseos, de acordo com a mitologia grega, representava o paraíso, morada dos homens virtuosos após a morte.

Já no início, o que chamou minha atenção foi a vitrine da **Louis Vuitton** – www.louisvuitton.com –, com esqueletos de dinossauros enormes pintados de dourado reluzente. Em meio aos ossos, manequins mostravam as roupas e bolsas da grife. É no sétimo andar que está o **Espaço Cultural Louis Vuitton**, um local que abriga exposições temporárias. A entrada para o espaço é na rua lateral.

E o que há na Louis Vuitton? Bolsas? Não! A resposta correta é: orientais! Eles dominam as lojas da marca. Em uma filial da loja, nas Galerias Lafayette, havia uma fila enorme somente de orientais que aguardavam a vez para comprar os produtos, recebendo, logicamente, tratamento especial dos atendentes.

Encontrei uma Ladurée numa esquina. Não evitei o impulso e entrei, já sentindo o sabor delicioso dos *macarons* de caramelo. Extremamente sofisticada, a loja é um convite para sonhar deliciosamente. Comprei somente três *macarons*: dois de caramelo e um de framboesa. Preço: 5,55 euros.

Se você estiver viajando com seus filhos pequenos, cuidado nessa região: é ali que está localizada a **Disney Mega Store** – www.disneystore.fr. Eu, que não sou criança (fisicamente), fiquei desesperado para levar a loja inteira. Os produtos da animação **Monstros S.A. – Universidade Monstro** são meus preferidos: comprei uma caneca para presentear o filho de uma amiga (10 euros) e duas monstrinhas de pelúcia para minhas irmãs (15 euros cada uma).

Continuando na belíssima avenida, fiquei em frente a uma loja Zara com preços mais condizentes com meu orçamento. Agora era minha vez e escolhi minhas primeiras peças francesas: um par de tênis (11 euros) e um boné em estilo francês (6 euros). Foi a única loja da marca que encontrei praticamente vazia. Consegui procurar as peças sem "brigar" com outros clientes e ainda entrar nos provadores, algo raro. Observando os preços, principalmente das camisas sociais, resolvi esperar mais alguns dias até o final da liquidação.

>>> *Ao efetuar o pagamento na loja, o atendente solicitou meu passaporte – foi o único estabelecimento em toda a França que exigiu o documento – e conferiu minha assinatura, algo que deveria ser regra em todo o país. No cartão de débito – VTM – não há o nome impresso e, como não há senha cadastrada, se você for roubado ou perdê-lo, alguém poderá facilmente comprar com ele. Menos na Zara...*

Cheguei à **Av. Montaigne**, que, juntamente com a **Av. George V** e a Av. des Champs-Élysées, formam o **Triangle d'Or** – Triângulo de Ouro –, endereço das mais conceituadas e caras marcas do mundo: Dolce & Gabbana, Valentino, Balenciaga, Bulgari, Armani, Dior, Chanel e Prada são alguns exemplos. Não entrei em nenhuma delas, somente observei as vitrines, até porque não seria prudente gastar todo o dinheiro da minha viagem em uma blusa.

Hotel Plaza Athénée, destaque da Avenue Montaigne

No final da Av. Montaigne estão a **Place de l'Alma** e a **Pont de l'Alma**. A região virou ponto de peregrinação de turistas devido a um fato triste: próximo está o túnel onde ocorreu o acidente que matou a princesa Diana, em 1997. A **Flamme de la Liberté** – A Chama da Liberdade, uma reprodução da tocha carregada pela Estátua da Liberdade, em Nova York, foi o monumento escolhido para prestar homenagens à princesa. Três turistas colocavam flores e cartazes com fotos de Diana ao redor da chama dourada.

Flamme de la Liberté, memorial não oficial da princesa Diana

Contornando a Place de l'Alma, voltei para a Av. George V para mais um pouco de luxo e sofisticação, até alcançar novamente a Champs-Élysées. Mesmo estando próximo do horário de almoço, continuei caminhando vagarosamente pela avenida, analisando o fluxo de pessoas e, principalmente, as vitrines. Como diz uma amiga, "não podendo comprar, resta-me admirar". E por falar em admiração, uma dica para os que amam carros: na Champs-Élysées há aluguel de Ferrari e Lamborghini, sonho de consumo de muitos homens, por 20 minutos, ao preço de 89 euros.

Seu sonho é dirigir uma Ferrari? Em Paris você consegue

Não poderia esperar mais tempo para almoçar. Quando percebi, já estava na Place de la Concorde. Procurando um restaurante ao redor, encontrei um minimercado – uma moça comia um *bagel* recheado no balcão com muita vontade. Não resisti: comprei um *bagel* (6,60 euros) e uma limonada (2,50 euros).

O fluxo de carros na área da Place de la Concorde é impressionante. Para fugir, segui pela **Cours Albert 1er**, ao lado do Rio Sena, até a exuberante **Pont Alexandre III**. Considerada a ponte mais bela de Paris, ela tem nas entradas dois pilares com cavalos alados cobertos com folhas de ouro. Ninfas e querubins completam a elegante decoração. O filho do czar Alexandre III da Rússia, Nicolas II, colocou a primeira pedra da construção. Apesar de a Pont Neuf ser mais famosa, a Pont Alexandre III não deve ser esquecida no roteiro. A continuação da Pont Alexandre III é a **Av. Winston Churchill**, onde se localizam o **Grand Palais** e o **Petit Palais**.

>>>***Grand Palais*** *– www.grandpalais.fr; preços e horários diferentes para cada exposição. Construído para a Exposição Universal de 1900, atualmente abriga as "Galerias Nationales du Grande Palais", destinadas às grandes exposições. São três áreas diferentes: 1) Palais de la Découverte (Museu de Ciências) – entrada pela Av. Franklin Roosevelt; 2) Galerias Nationales (área para as exposições) – entrada pela Av. du Général Eisenhower; 3) Nef (salão de eventos) – entrada pela Av. Winston Churchill.*

>>> ***Petit Palais*** *– www.petitpalais.paris.fr; entrada gratuita para a coleção permanente. Assim como o Grand Palais, o Petit Palais também foi construído para a Exposição Universal. Hoje abriga uma grande coleção de arte que inclui pinturas, esculturas, tapeçarias e outras obras.*

O Grand Palais é magnífico, mas fiquei mais fascinado pelo Petit Palais. A coleção permanente – entrada gratuita – é um passeio por várias fases históricas. Obras gregas, romanas, russas e do período da Renascença habitam essa monumental construção. As galerias são iluminadas com a luz natural que invade a grande cúpula transparente e as enormes janelas. No interior, um jardim com lago e colunas enaltece ainda mais o espaço.

O grandioso pórtico na entrada do Petit Palais

Como estava próximo, resolvi ir ao Musée de l'Orangerie para conferir se o problema da energia elétrica estava solucionado. Mais uma decepção: continuava fechado e sem previsão de retorno. O segurança provavelmente percebeu minha tristeza e disse: "Volte amanhã, provavelmente tudo estará normalizado".

Como restavam algumas horas para encerrar o dia, decidi fazer um passeio de barco pelo Rio Sena, programa imprescindível no roteiro pela cidade. Caminhei até próximo ao Musée d'Orsay, onde há uma estação do **Batobus Paris** - www.batobus.com - barcos que navegam próximo aos grandes monumentos turísticos da cidade. O Batobus tem oito estações – Torre Eiffel, Saint-Germain-des-Prés, Jardin des Plantes, Louvre, Musée d'Orsay, Notre-Dame, Hotel de Ville e Champs Élysées – o passe (15 euros) é válido por um dia, ou seja, você pode descer e subir as oito estações quantas vezes quiser.

>>> *O Rio Sena é uma das grandes atrações de Paris. A margem direita é chamada pelos parisienses de Rive Droite e a margem esquerda de Rive Gauche. Em suas águas navegam diversos barcos para turismo, com passeios panorâmicos por vários monumentos, como os famosos Bateaux-Mouches (www.bateauxmouches.com), os Bateaux Parisiens (www.bateauxparisiens.com), a Marina de Paris (www.marina-de-paris.com) e o Vedettes de Paris (www.vedettesdeparis.fr). Todos têm várias opções, como almoço, jantar, passeio com taças de vinho ou champanhe. As reservas podem ser feitas pelo site, pois a procura, principalmente no verão, é muito grande.*

perfeitas para uma festa muito divertida! O destaque foi o pequeno Frederick, o filho do casal, com uma energia que não acaba nunca. Ao sair, conheci uma vizinha da Eliza, uma africana muito simpática, e seus filhos. Os dois meninos e Frederick protagonizaram comigo uma das fotos mais fantásticas da viagem!

Quando estamos animados e felizes, as horas passam em minutos. Já era tarde quando me despedi de todos e fui para a estação do metrô. Ao perguntar para a Eliza se eu deveria temer por assaltos, recebi apenas uma recomendação: "Cuidado com a sua bolsa - deixe-a sempre na frente do corpo. Prudência nunca é demais!".

GASTOS

Café: 7 euros
Entrada - Arco do Triunfo: 9,50 euros
Zara: 17 euros
Ladurée: 5,55 euros
Disney Store: 40 euros
Almoço: 9,10 euros
Livro da exposição: 11,10 euros
Drinque – Cosmopolitan: 8 euros
Banho: 2,50 euros
Diária do hotel: 58 euros
TOTAL: 167,75 euros

8º DIA - VERSALHES

Qualquer turista sente uma agitação diferente no dia em que visita Versalhes. Há um magnetismo no mais famoso *château* (castelo) da França, em uma proporção semelhante ao seu tamanho. Em qualquer guia ou site de viagens está escrito: "Não deixe de visitar o Palácio de Versalhes". O local foi construído como um "mundo paralelo" luxuoso para a corte francesa, que ignorava a situação deplorável da população. Algo ainda familiar atualmente.

Para evitar imprevistos, acordei muito cedo. Não esperei o elevador do hotel e desci as escadas rapidamente, passando no McDonald's para comprar um café (1 euro) e alguns brioches na *boulangerie* (3,50 euros), dessa vez apenas cumprimentando minha nova amiga. Pressa exagerada? De forma alguma! Não seria agradável ficar naquelas filas intermináveis para entrar no castelo. Peguei o metrô e desci na estação **Gare Montparnasse**.

>>> ***Como ir para Versalhes?*** *Algo que você precisa saber: o trem que leva até o palácio não faz parte da rede de metrô de Paris, ou seja, você precisa comprar um novo bilhete (igual ao do metrô). Opções de transporte: 1) Nas estações de metrô onde passa o REC C. Descer na estação Versailles Rive Gauche; 2) Da estação de trem Gare Montparnasse. Descer na estação Versailles Chantiers; 3) Da estação Saint-Lazare. Descer na estação Versailles Rive Droite. A estação mais próxima do* château *é Versailles Rive Gauche.*

Escolhi pegar o trem na Gare Montparnasse, aproveitando a oportunidade para fazer uma análise da área, pois se eu voltasse a tempo visitaria a Tour Montparnasse, que fica bem próximo da estação. Comprei os bilhetes de ida e volta (6,70 euros) na bilheteria, sugestão do atendente. A viagem foi tranquila e em poucos minutos eu estava na estação **Versailles Chantiers**. Passei em uma *boulangerie* e comprei – como diria minha mãe – quitutes para o almoço: pãezinhos, queijo, folhados e um suco (preço: 8,90 euros). Não é preciso pedir informação para saber a direção do castelo. Somente siga o fluxo das pessoas ou as placas, e em poucos minutos de caminhada o grandioso **Château de Versailles** surgirá à sua frente.

>>> ***Château de Versailles*** *– www.chateauversailles.fr; horários – Château: das 9h às 18h30; Château de Trianon et Domaine de Marie-Antoniette: das 12h às 18h30; Jardim: das 8h às 20h30 (de novembro a março, todo o complexo fecha mais cedo); preço: 18 euros (há opções de comprar bilhetes para uma parte do complexo, como para visitar somente o* château, *por exemplo) e 25 euros para assistir aos espetáculos nos jardins; aceita o Paris Museum Pass. O maior símbolo de ostentação e ícone do poder absoluto da monarquia francesa, o Palácio de Versalhes foi o centro do poder do rei Luís XIV, o Rei Sol. Construído no local de um pavilhão de caça de Luís XIII, o palácio realizou o desejo do rei de deixar toda a corte ao seu redor. Em 1661, Luís XIV inicia os primeiros passos para a realização do complexo. Confiou os trabalhos a Charles Le Brun e*

Louis Le Vau. Para os jardins e o parque foi escolhido o paisagista André Le Nôtre, responsável pelo projeto dos Jardins des Tuileries. Após a morte de Louis Le Vau, Jules Hardouin-Mansart assumiu o posto e deu continuidade aos trabalhos, alterando completamente as dimensões do palácio. Com a morte de Luís XIV, a corte se estabeleceu em Vincennes e depois em Paris. Em 1722, Luís XV solicita o retorno para Versalhes. Com a Revolução o palácio perdeu seus móveis, mas a construção permaneceu intacta. Após a morte de Luís XVI e Maria Antonieta na guilhotina, o complexo passou por períodos de incerteza quanto ao seu destino. Luís Filipe, "Rei dos Franceses", transformou o local em um museu dedicado à França, não concluído em sua totalidade devido à queda da monarquia em 1848. Após ser palco de vários acontecimentos históricos, atualmente Versalhes, com seus 830 hectares, 2.143 janelas, 50 fontes e 20 km de estrada, segue impressionando a todos pela sua magnitude.

Mesmo chegando cedo, a extensão da fila era assustadora. Concluí que esperaria um bom tempo em qualquer horário. Sendo assim, decidi visitar o jardim primeiro, até porque a fila estava, no mínimo, cinco vezes menor. Comprei o ingresso (18 euros) para todo o complexo antecipadamente pela internet, o que facilitou minha visita. Em Versalhes se aceita o Paris Museum Pass, mas no meu caso, infelizmente, a validade do passe havia expirado no dia anterior.

A imensa fila para Versalhes

Antes de viajar, perguntei para uma amiga que já visitou Paris algumas vezes sobre como era o jardim de Versalhes. "Algo que não dá para explicar, você precisa ver. E vai concordar comigo", foi a resposta. Quando parei para apreciar a imensidão de beleza que o lugar oferece, concordei com todas as letras. Em vários momentos, refleti sobre como seria morar naquele palácio. Acordar, abrir a janela e se deslumbrar com aquela vista, repleta de flores, árvores e fontes devia ser algo magnífico. Deslumbrante para um simples mortal, mas comum para a nobreza.

Um dos fatores mais impressionantes do jardim é a sua amplitude. Na altura do palácio, a abertura deixa visível o horizonte, com o imenso canal refletindo toda a estrutura. A construção cria uma harmonia perfeita com a natureza, em uma ação complementar, sendo quase impossível separá-los. Quando li que as obras do local duraram mais de cinquenta anos, acreditei que era exagero. Após conhecer o palácio, compreendi perfeitamente o período de tempo, o valor gasto com as obras e a quantidade exorbitante de trabalhadores.

Detalhes do portão principal

Ainda admirando o jardim, ouço: "Márcio?!" Levei um susto... Eram Cibele e Juliano, leitores do blog. Agradeceram as dicas, comentamos sobre nossa viagem e trocamos informações. Ser reconhecido e receber o carinho dos leitores é gratificante.

Atrás do palácio, dois grandes lagos ficam próximos, refletindo a fachada da construção. O **Jardim de Água** é ornamentado com estátuas mitológicas de bronze que simbolizam os rios da França. Logo depois está o **Lago de Latona**, uma fonte decorada com esculturas de Latona e seus filhos Apolo e Ártemis, representando um episódio em que camponeses a insultam. Enraivecida, ela implorou vingança a Zeus, que os transformou em rãs.

Atrás do Château de Versalhes

Duas grandes áreas paralelas, cortadas por um extenso “tapete” verde bem aparado – eixo principal –, abrigam catorze bosques (oito ao norte e seis ao sul), circundados por árvores e trilhas cuidadosamente planejadas. Bosque do Golfinho, Bosque da Estrela, Bosque das Cúpulas, Bosque do Obelisco e Bosque do Encéfalo são alguns exemplos. Paralelas ao eixo há duas alamedas e os lagos das estações – Lago de Ceres, Lago de Flora, Lago de Baco e Lago de Saturno.

Uma fonte no jardim separa o gramado do Grande Canal: a **Fonte de Apolo**. Luís XIV, o Rei Sol, é relacionado com Apolo, o deus Sol, em uma concepção simbólica e política. O deus mitológico se transformou na inspiração do monarca e em Versalhes há várias referências ao tema. Na fonte, Apolo surge das águas em seu carro puxado por quatro cavalos, rodeado por quatro tritões e quatro monstros marinhos.

Os simétricos jardins de Versalhes

Próximo à Fonte de Apolo está o **Grande Canal,** uma criação de enormes proporções de André Le Nôtre. Com 1.670 metros de comprimento, sua construção durou onze anos e foi cenário de deslumbrantes espetáculos náuticos. Gôndolas originárias de Veneza – que foram ofertadas como presente para o rei – navegavam em suas águas. Eu me sentei perto das margens para descansar um pouco. O sol estava muito forte e encontrei uma sombra perfeita para aliviar o calor e fazer um lanche. A manhã já estava quase no fim e andar lentamente pelo jardim leva tempo. Com isso, ratifico o que todos dizem: deixe um dia inteiro para visitar Versalhes.

Do lado direito do Grande Canal está o caminho que leva aos **Trianons** e aos **Domínios de Maria Antonieta**. Luís XIV (Grande Trianon) e Luís XV (Pequeno Trianon) construíram na área da aldeia de Trianon dois refúgios para descansar da severa etiqueta real e da nobreza que frequentava o palácio principal.

O **Grand Trianon** foi o primeiro a ser construído. Primeiramente adornado com faianças azuis e brancas – recebeu o nome de Trianon de Porcelana –, acabou sendo destruído em 1687. No mesmo local, o rei confiou a Jules Hardouin-Mansart a elaboração de um novo projeto. Em 1688, o Grand Trianon de mármore foi inaugurado pelo rei e por um de seus amores: a marquesa de Maintenon. O palácio, com seu charme e elegância, conquistou grandes nomes, como Napoleão, Luís Felipe e Charles de Gaulle, que por várias vezes permaneceram nos apartamentos luxuosos.

Em 1763, Luis XV ordenou a construção do **Petit Trianon**, mas foi Maria Antonieta – ela recebeu o pequeno palácio de Luís XVI – que transformou a área. A rainha fez diversas reformas, modificou os jardins e, como a princesa de Condé fez em Chantilly e a Madame de Lamballe em Rambouillet, criou uma aldeia rústica – **Le Hameau de la Reine** –, com casas em estilo normando, moinho, lagos, hortas, pomares e jardins.

Dessa forma, Maria Antonieta experimentava a vida simples do campo, instalada na **Maison de la Reine** – casa da rainha –, no centro da bucólica aldeia.

Petit Trianon

O percurso é longo e, após visitar a área do jardim, Trianons e bosques, a exaustão começa a surgir. Não há carruagens, como na época da monarquia, para proporcionar um bom descanso para as pernas. Mas há outras opções, como os carrinhos (iguais aos usados em campo de golfe) e bicicletas, à disposição dos turistas para alugar. O mais usado é um trenzinho que percorre todo o complexo, com parada nos principais pontos. Escolhi o último, comprei o bilhete com o próprio motorista (3,70 euros) e, com ele, percorri as grandes alamedas e desci no palácio. É um ótimo passeio para quem está cansado e quer economizar energia para continuar a visita.

O trenzinho que percorre todo o complexo

Ao chegar próximo à entrada, percebi que a fila não havia diminuído. Felizmente, não aumentou em proporções homéricas. Vários turistas tentavam de alguma forma se esconder do sol com blusas enroladas na cabeça, mochilas e até enormes pedaços de plástico. Turista prevenido não fica queimado de sol: abri a bolsa e peguei minha sombrinha (daquelas que dobram diversas vezes). Aprendi com os japoneses na minha viagem para a Itália e, na fila, éramos eu e os orientais protegidos com elas. Agradeci diversas vezes, pois o sol estava incrivelmente forte.

Na minha vez, apresentei meu ingresso, que foi conferido por uma funcionária que não ergueu os olhos. Segui por uma plataforma, passei por um raio X de segurança e, de repente, estava no pátio central, onde estão as entradas para visitar as dependências do palácio.

No térreo há o apartamento do delfim (o quarto, o grande gabinete e a biblioteca); o apartamento da delfina (o gabinete interior, o quarto e o grande gabinete); os apartamentos das damas (o grande gabinete, o quarto, o gabinete interior, a biblioteca de Madame Vitória e o gabinete interior, o quarto e o grande gabinete de Madame Adelaide); a capela; a ópera e parte do Museu de História da França (a galeria da história do palácio; as salas das Cruzadas e as salas do consulado e do império).

No primeiro andar há o grande apartamento do rei; a grande galeria (o Salão da Guerra, a Galeria dos Espelhos e o Salão da Paz); o apartamento do rei; o grande apartamento da rainha; os pequenos apartamentos de Maria Antonieta; o pequeno apartamento do rei; e o restante do Museu de História da França (as salas do século XVII, a Sala da Consagração e a Galeria das Batalhas).

Ao entrar, um choque visual: a magnitude do palácio não se observa apenas nas dimensões do exterior. O luxo e a ostentação do interior são incríveis, com um trabalho exagerado na decoração que deixaria qualquer escola de samba com inveja. "Tudo em excesso faz mal" foi uma das frases que repeti mentalmente durante meu passeio pelos corredores e salas. Como o palácio é muito grande, vou comentar sobre os cinco locais que marcaram a minha visita: a capela, a ópera, o quarto do rei, o quarto da rainha e a galeria dos espelhos.

A primeira visita foi à **Capela**, consagrada em 1710 e dedicada a São Luís. Com dois andares, as tribunas eram reservadas para o rei, a família real e a quem tivesse importância maior na corte. Já o primeiro andar era para os "mortais" de níveis hierárquicos mais baixos. O dourado (cor universal de Versalhes, presente em todos os detalhes) e o branco do mármore predominam na edificação. Em estilo barroco, com colunas coríntias, pinturas bíblicas no teto e abóbadas, a capela foi a última área construída no reinado de Luís XIV.

O belíssimo teto da capela

A Ópera, um projeto que começou com Luís XIV, foi inaugurada em 16 de maio de 1770, no reinado de Luís XVI. O material utilizado foi a madeira, garantindo maior rapidez na execução das obras e economia no orçamento, permitindo uma excelente acústica. Para a decoração foi utilizada a técnica do mármore falso (pintura sobre a madeira). No teto, uma pintura de Durameau representa o triunfo de Apolo. Todo o conjunto é um excelente exemplar de decoração neoclássica.

Os cômodos do rei são divididos em: **o grande apartamento do rei** (Salão de Hércules, Salão da Abundância, Salão de Vênus, Salão de Diana, Salão de Marte, Salão de Mercúrio e Salão de Apolo), **o apartamento do rei** (sala dos guardas, antecâmara do Grand Couvert, antecâmara do olho-de-boi, quarto do rei e gabinete do Conselho) e **o pequeno apartamento do rei** (quarto de Luís XV e o de Luís XVI, gabinete da Pêndula, gabinete interior, biblioteca de Luís XVI, sala de jantar das porcelanas e salão de jogos de Luís XVI).

Por iniciativa de Luís XIV, o salão que abria para a Galeria dos Espelhos foi transformado em seu quarto de dormir e de seus sucessores, Luís XV e Luís XVI. Nele eram realizadas as cerimônias do "despertar" e do "deitar" do rei. Imaginei como seria se um raio de sol entrasse no cômodo. Cegaria qualquer pessoa devido ao intenso reflexo produzido. O quarto é inteiramente dourado, nas cores vermelha, branca e ouro.

Quarto do rei

O próximo quarto real é o de Maria Antonieta. O glamour é o mesmo que existe no quarto do rei, só que em tons mais delicados, com estampas de flores, babados e detalhes esculpidos. Nesse local a rainha dava à luz os herdeiros do trono. O evento era público e todos os curiosos se aglomeravam para ver o nascimento dos filhos reais.

Detalhe da cama de Maria Antonieta

Todo o palácio é suntuoso, mas a área mais famosa e visitada é a deslumbrante **Galeria dos Espelhos**. Com 73 metros de comprimento e 10,5 metros de largura, o local é revestido com 357 espelhos que refletem a luminosidade das 17 janelas. O teto é decorado com pinturas de Charles Le Brun e ilustra a história do reinado de Luís XIV.

Galeria dos Espelhos

Quando os raios de sol entram na galeria, o brilho do ouro, os reflexos dos 24 lustres e o reflexo dos espelhos criam uma imagem que jamais sairá de sua lembrança. Um fato histórico enaltece a importância do local: na Galeria dos Espelhos foi assinado, em 1919, o Tratado de Versalhes, que encerrou oficialmente a Primeira Guerra Mundial.

Como no dia anterior ficou combinado o encontro com a família americana, fui em direção ao Café Angelina. Para minha surpresa, eles estavam lá! Infelizmente não havia lugares disponíveis no café e conversamos algum tempo sobre a viagem, locais, passeios e dicas sobre a França. Trocamos contatos e fui gentilmente convidado a conhecer a cidade deles. Uma família que exala elegância, educação e simpatia!

Aquele tipo de pessoa com que vale a pena manter contato sempre. Depois de me despedir, encerrei a visita ao palácio.

Resumo o complexo com uma frase que escutei uma vez: "Luxo, riqueza, glória e poder. Ostentação e grandiosidade para todo o sempre". Depois de ler e pesquisar sobre a vida da corte, rei e rainha no palácio, chego à conclusão de que deveria ser um tédio total. É completamente compreensível o descaso e a falta de ânimo da rainha retratada no filme *Maria Antonieta*, da cineasta Sofia Coppola. Ficar passeando pelos grandes corredores conversando e cumprimentando as pessoas não deveria ser um passatempo agradável.

Para retornar, fiz o mesmo caminho e peguei o trem novamente para Paris. Durante a viagem, refleti sobre a realização de sonhos. Versalhes inundou a minha imaginação muitas vezes. Em diversos momentos, enquanto folheava livros de História, visualizava mentalmente o seu interior e seus jardins. Finalmente realizei o desejo de conhecer o local. Escrevendo estas linhas, volto diretamente para o dia em que eu estava caminhando pelo gramado e admirando toda a extensão do local. São recordações de viagem para sempre marcadas em nossas memórias!

Saída de Versalhes

Cheguei cedo à Gare de Motparnasse e segui direto para a **Tour Montparnasse** – www.tourmontparnasse56.com –, próximo à estação. Ao chegar, uma surpresa: eu era o único da fila! Algo inacreditável em Paris. Comprei o ingresso (13,50 euros) e subi de elevador os 56 andares da torre. A arquitetura é reta e tem uma aparência gigantesca quando comparada com o restante da cidade. Os franceses, muito tradicionais, não gostam da torre e rejeitam a construção.

Como sou uma pessoa que aceita mudanças, não fiquei incomodado com aquele enorme prédio cinza no meio da paisagem branca de Paris. E aviso: é uma das melhores vistas da cidade. Do terraço, no último andar, é possível ter uma visão panorâmica da cidade. A Torre Eiffel fica minúscula; ao fundo, os prédios de La Defense, a Igreja dos Invalides com sua cúpula dourada; a área do bairro de Montmartre, com a Basílica de Sacré-Coeur no alto.

Desci da torre e fui em direção ao metrô. Rapidamente cheguei à Place de la Concorde e fui direto para o Museu de l'Orangerie. No percurso, torci para que o problema da energia elétrica estivesse resolvido. E deu certo: as portas estavam abertas!

>>> ***Museu de l'Orangerie*** – *www.musee-orangerie.fr. Localizado no Jardin des Tuileries, o museu foi construído em 1852 e é conhecido mundialmente pelo acervo de obras de Monet:* Les Nymphéas. *As pinturas, inspiradas nos jardins de Giverny, estão expostas em duas salas ovais brancas do museu.*

De posse do ingresso (10 euros), entrei ofegante por causa da corrida – esforço necessário para cumprir um objetivo. Senti uma satisfação muito grande por conseguir entrar no museu, um dos mais graciosos da cidade. As telas estão dispostas em toda a volta de duas salas ovais, oferecendo uma visão panorâmica fantástica dos jardins de Monet. O museu foi reformulado de acordo com as ideias do pintor, que, infelizmente, não conseguiu ver suas obras expostas, vindo a falecer antes da inauguração.

Além das Nymphéas, o museu abriga um acervo incrível. Há obras de Paul Cézanne, Henri Matisse, Pablo Picasso, Alfred Sisley, Pierre-Auguste Renoir e Amedeo Modigliani (um dos meus favoritos), que faziam parte das coleções pessoais de Jean Walter e Paul Guillaume, fundador do museu.

Alguns minutos antes das 18h, os seguranças começaram a avisar que o museu estava encerrando as atividades do dia. Fiquei sentado em frente à entrada principal até as portas se fecharem. Suspirei aliviado! Missão cumprida. De repente, lembrei que faltava algo a ser realizado. E deixei para o final.

Museu de l'Orangerie

Antes disso, procurei um local para jantar próximo ao Rio Sena. Caminhei lentamente pelas ruas paralelas, às margens do rio. Precisava esperar anoitecer para finalizar meus objetivos na cidade. Encontrei um restaurante pequeno e muito aconchegante, onde comi um macarrão com queijo e presunto de parma maravilhoso. Preço: 21 euros. Mais uma vez, presenciei o pôr do sol em Paris. Hoje eu entendo por que a cidade fascina a todos que a visitam. A transição do dia para a noite é deslumbrante. Um show capaz de emocionar qualquer turista. E, nesse caso, não é necessário comprar ingresso...

Peguei o metrô em direção à estação Trocadéro. O motivo? Anote em seu caderno, grave em sua mente, tatue em sua mão: não deixe, em hipótese alguma, de visitar a Torre Eiffel à noite. Cheguei pouco antes da meia-noite e aguardei ansioso até suas luzes começarem a piscar. Em hora cheia, lâmpadas acendem e apagam, iguais às luzes de Natal. Como disse uma brasileira, "parece uma grande garrafa de champanhe com as bolhinhas estourando".

Torre Eiffel durante a noite

Não consegui segurar, não tinha motivos para isso, e foi a segunda vez que chorei em minha viagem. Uma miscelânea de lágrimas e sorrisos, que transbordou naturalmente. E foi assim que finalizei meu roteiro em Paris, repleto de emoções, entendendo perfeitamente o que é felicidade e realização de sonhos.

GASTOS

Café: 4,50 euros
Bilhete ida e volta – Versalhes: 6,70 euros
Almoço: 8,90 euros
Ingresso – Versalhes: 18 euros
Bilhete de trem – Versalhes: 3,70 euros
Ingresso – Tour Montparnasse: 13,50 euros
Ingresso – Museu de l'Orangerie: 10 euros
Jantar: 21 euros
Banho: 2,50 euros
Diária do hotel: 58 euros
TOTAL: 146,80 euros

Outras cidades

Você acaba de ler o relato dos primeiros oito dias da minha viagem pela França. Neles, circulei exclusivamente por Paris. No total, foram mais de trinta dias de jornada, em que também visitei as cidades indicadas a seguir. Atenção à classificação:

😐 - **não empolgou**
🙂 - **vale a pena visitar**
😀 - **imperdível!**

Amiens (bate-e-volta de Paris – tempo médio de viagem: 1 hora e 20 minutos): pequena e muito aconchegante, Amiens é uma ótima opção para descansar da estonteante e tumultuada Paris. A catedral da cidade é uma das minhas favoritas na França. Investimento para um dia na cidade (com hospedagem de 58 euros em Paris): 119 euros. **Classificação:** 🙂

Lille (bate-e-volta de Paris – tempo médio de viagem: 1 hora): mais desenvolvida, Lille é muito procurada por turistas que querem conhecer o norte da França. Ainda assim, entre as cidades que visitei em regime de bate-e-volta com base em Paris, foi a que menos impressionou em comparação com as outras. Investimento para um dia na cidade (com hospedagem de 58 euros em Paris): 134,65 euros. **Classificação:** 😐

Reims (bate-e-volta de Paris – tempo médio de viagem: 1 hora): nos postos de turismo da cidade (ao lado da estação de trem ou ao lado da catedral) reservei minha visita, com hora marcada, para as famosas adegas de champanhe, com degustação no final. Investimento para um dia na cidade (com hospedagem de 58 euros em Paris): 139,80 euros. **Classificação:** 🙂

Rouen (bate-e-volta de Paris – tempo médio de viagem: 1 hora e 30 minutos): a cidade em cuja praça central Joana d'Arc foi queimada, por heresia, reserva para os visitantes o legítimo "ar francês". Uma das minhas preferidas! A belíssima catedral foi inspiração para Claude Monet produzir várias pinturas. Investimento para um dia na cidade (com hospedagem de 58 euros em Paris): 112,10 euros. **Classificação:** 😃

Estrasburgo (hospedagem: Le 21ème): sempre escolho a "minha" cidade quando visito um país. Estrasburgo é a minha na França. O hotel, as pequenas ruas decoradas com flores, a belíssima catedral de cor ocre, os bistrôs... vivenciei uma paixão fulminante assim que desembarquei na estação. Investimento para dois dias (com hospedagem de 45 euros/diária): 191,90 euros. **Classificação:** 😃 (com louvor)

Dijon (hospedagem: Hôtel du Palais): a cidade é perfeita para o turista, pois oferece um guia (o "Percurso da Coruja") para percorrer todos os pontos turísticos locais, que são sinalizados por setas fixadas no chão. Mais fácil, impossível! O hotel é excelente. Investimento para dois dias na cidade (com hospedagem de 59 euros/diária): 216,76 euros. **Classificação:** 🙂

Lyon (hospedagem: Le Saint Pierre des Terreaux): a velha Lyon e a Basílica de Notre Dame de Fourvière, localizada no topo de uma colina (há um funicular que leva os turistas), são dois pontos altos da cidade. Um incômodo: subir as escadas com malas até a recepção do hotel. Investimento para dois dias na cidade (com hospedagem de 60 euros/diária): 224,85 euros. **Classificação:** 🙂

Nice (hospedagem: Hotel Solara): a primeira vez que vi o mar na França... Nice encanta em todos os sentidos com suas praias deslumbrantes. Agitada, fulgurante e com uma das cenas noturnas mais animadas do país. Prepare-se para o calor! O hotel é simples, mas excelente, principalmente em relação à localização. Investimento para dois dias na cidade (com hospedagem de 65 euros/diária): 265,19 euros. **Classificação:** 😃

Cannes (bate-e-volta de Nice – tempo médio de viagem: 30 minutos): o único elemento da cidade que chama a atenção é o Palais des Festivals, onde se realiza o Festival de Cinema de Cannes. E só! Investimento para um dia na cidade (com hospedagem de 65 euros/diária): 119,30 euros. **Classificação:** 😐

Mônaco (bate-e-volta de Nice – tempo médio de viagem: 15 minutos): na garagem de um prédio estavam estacionadas cinco Ferraris – essa imagem resume Mônaco. A maioria dos turistas gosta do Cassino de Monte Carlo. Pessoalmente, fiquei apaixonado pelo Musée Océanographique de Monaco. Investimento para um dia na cidade (com hospedagem de 65 euros/diária): 118,10 euros. **Classificação:** 🙂

Nîmes (hospedagem: Hotel Cesar): local onde os antigos romanos se estabeleceram, Nîmes possui monumentos históricos bem preservados, como a Arena e a Maison Carrée. Um incômodo: não gostei do hotel por ser muito antigo e o Wi-Fi era horrível. Investimento para um dia na cidade (com hospedagem de 47 euros/diária): 130,39 euros. **Classificação:** 🙂

Carcassonne (bate-e-volta de Nîmes – tempo médio de viagem: 2 horas): do alto de uma colina, você contempla a imagem de uma cidade medieval, que remete às histórias de cavaleiros e princesas. Conhecê-la andando pelas ruelas é sensacional – fuja das charretes, pois o passeio é decepcionante. Investimento para um dia na cidade (com hospedagem de 47 euros/diária): 158,30 euros. **Classificação:** 🙂

Avignon (bate-e-volta de Nîmes – tempo médio de viagem: 30 minutos): a "Cidade dos Papas" possui o maior palácio gótico do mundo, o Palais des Papes. Para muitos pode ser decepcionante, pois, apesar de sua grandiosidade, ele está praticamente vazio. Não deixe de ir ao posto de turismo e comprar um passeio para a cidade de Sault, a "Terra da Lavanda", para conhecer os campos da flor símbolo da Provence. Investimento para um dia na cidade, incluindo o passeio para Sault (com hospedagem de 47 euros/diária): 158,30 euros. **Classificação:** 🙂 para Avignon e 😃 para o passeio pelos campos de lavanda.

Bordeaux (hospedagem: Hôtel du Faisan): resumo a cidade como uma "miniParis". O Musée d'Aquitaine é imperdível devido à fascinante disposição utilizada para organizar a cronologia do museu. Investimento para dois dias na cidade (com hospedagem de 50 euros/diária): 201,90 euros. **Classificação:** 🙂

Tours e **Vale do Loire** (hospedagem: Hôtel de Vendôme): destinei quatro dias a Tours unicamente para que a cidade servisse de base para as visitas aos incríveis castelos do Vale do Loire. O hotel é muito aconchegante. Os castelos que visitei: Chambord – impressionante; Amboise – lar da velhice de Leonardo da Vinci; Blois – não muito empolgante; Villandry – o pomar e as hortas são o destaque; Chenonceau – o meu preferido! Investimento para quatro dias na cidade (com hospedagem de 44 euros/diária): 472,94 euros. **Classificação:** 😃 (com louvor)

Rennes e **Mont Saint-Michel** (hospedagem: Citotel Le Bretagne): a cidade é apática e não me empolgou nem por um momento. O Mont Saint-Michel, em compensação, é magnífico. O percurso até o Mont pode ser realizado de ônibus, com saída ao lado da estação de trem, em Rennes. Investimento para dois dias na cidade (com hospedagem de 40 euros/diária): 261,20 euros. **Classificação:** 😐 para Rennes e 😃 para o Mont Saint-Michel.

Durante a minha viagem, realizei uma imersão completa na cultura francesa, com enfoque no estilo de vida e na história. Uma viagem é algo pessoal. Assim, é possível que você não goste de pontos turísticos consagrados e adore pequenos locais e coisas para os quais as pessoas não dão muita importância. Pode se apaixonar perdidamente por pequenas cidades e detestar Paris, por exemplo. Um ponto, porém, deve ficar completamente claro: o que realmente importa é a bagagem (não aquela extra pela qual, provavelmente, você pagará excesso de peso no retorno para o Brasil) de experiências. Lembre-se: isso ninguém poderá tirar de você.

Até a próxima viagem!

MATRIX

facebook.com/MatrixEditora